Guidance and Careers

BARRON'S TEEN-AGE SUMMER
GUIDE *Reinhold* $2.25 *paper*
SO YOU'RE GOING TO BE A
TEACHER *Filbin & Vogel* $1.25 *paper*

College Reviews and Texts ·

Comprehensive, expertly written literary history and criticism, as well as other subjects to enrich class work, provide material for discussion, papers, and review.

AMERICAN HISTORY
Klose (In 2 volumes)   each $1.95 *paper*
AMERICAN LITERATURE
Abel (In 3 volumes)   each $2.25 *paper*
AMERICAN LITERATURE, RECENT
Heiney $2.25 *paper*
BASIC TOOLS OF RESEARCH
Vitale $1.95 *paper*
BUSINESS LAW *Howard* $1.95 *paper*
CANTERBURY TALES, STUDENTS'
GUIDE TO *MacLaine* $1.95 *paper*
CLASSICAL DRAMA, GREEK AND
ROMAN *Reinhold* $1.95 *paper*
CLASSICS, GREEK AND ROMAN
Reinhold $1.95 *paper*
COLLEGE ALGEBRA
Peters $2.25 *paper*
COMPARATIVE GOVERNMENT
Johnson $1.95 *paper*
CONTEMPORARY LITERATURE
Heiney $2.25 *paper*
ENGLISH LITERATURE
Grebanier (2 Vols.)   ea. $1.95 *paper*
ENGLISH ROMANTIC WRITERS
Battenhouse $1.95 *paper*
ESSENTIALS OF EFFECTIVE
WRITING *Hopper & Gale* $1.50 *paper*
PRACTICE FOR EFFECTIVE
WRITING *Hopper & Gale* $1.50 *paper*
WORLD LITERATURE
Hopper & Grebanier
     Vol. 1, $1.50; Vol. 2, $1.75 *paper*
HISTORY AT A GLANCE
Helmreich   95¢ *paper*
HISTORY OF EDUCATION
Frost $1.25 *paper*
PRINCIPLES OF GEOGRAPHY
Guernsey, Doerr & Van Cleef $1.95 *paper*
PRINCIPLES OF PHYSICAL
GEOGRAPHY
Guernsey, Doerr & Van Cleef $1.95 *paper*
READING SHAKESPEARE'S PLAYS:
A Guide for College Students
Price $1.25 *paper*
SHAKESPEARE COMEDIES, TRAG-
EDIES, HISTORIES, HIGHLIGHTS OF
Vandiver $1.95 *paper*
SPELLING YOUR WAY TO SUCCESS
Mersand   98¢ *paper*

College Preparation

Tops with guidance counselors all over the country.

HOW TO PREPARE FOR COLLEGE
ENTRANCE EXAMINATIONS
Brownstein & Weiner $2.50 *paper*
BARRON'S GUIDE TO THE
TWO-YEAR COLLEGES
Eskow $2.98 *paper*
COLLEGE BOUND (Third Revised
Edition) *Brownstein* $1.98 *paper*
YOU CAN WIN A SCHOLARSHIP
Brownstein $3.95 *paper*
HOW TO PREPARE FOR COLLEGE
BOARD ACHIEVEMENT TESTS:
   ENGLISH *Shostak* $1.75 *paper*
   FRENCH *Cabat & Godin* $1.50 *paper*
   GERMAN *Newmark & S.* $2.25 *paper*
   LATIN *Gerwig* $2.25 *paper*
   SPANISH *Cabat & Godin* $1.75 *paper*
   BIOLOGY *Bleifeld* $2.25 *paper*
   CHEMISTRY *Snyder* $2.25 *paper*
   PHYSICS *Gewirtz* $2.25 *paper*
   SOCIAL STUD. *Midgley* $1.75 *paper*
MATHEMATICS WORKBOOK FOR
COLLEGE ENTRANCE EXAMS
Brownstein $1.75 *paper*
PROFILES OF AMERICAN
COLLEGES *Fine* $3.95 *paper*
STUDENT'S RECORD BOOK:
A Record of College Years
McReynolds $1.50 *paper*
201 VERBS FULLY CONJUGATED IN
ALL THE TENSES   each $1.25 *paper*
   FRENCH *Kendris* SPANISH *Kendris*
   GERMAN *Strutz*   LATIN *Wohlberg*
VOCABULARY BUILDER
Brownstein & Weiner $1.25 *paper*

STEVENSON, ADLAI E., SHAPERS OF
HISTORY; *Brown* $1.50 *paper*
WORLD HISTORY, ESSENTIALS OF
Smith & Smith $2.25 *paper*

Barron's American and English Classics Re-edited

BEOWULF *Trans. by Thorpe* $2.25 *paper*
CHAUCER'S CANTERBURY TALES
(An Interlinear Translation)
Hopper $1.75 *paper*
CLASSIC AMERICAN SHORT
STORIES *Hopper*   75¢ *paper*
RASSELAS *Johnson*   75¢ *paper*

Theatre Classics for the Modern Reader

A new kind of edition of dramatic masterpieces in which plays appear in the text as they were presented on the stage. Illustrations of characters and scenes, explanation of staging, description of settings and costumes, full commentaries on the playwrights and their plays.

     95¢ *paper*, $1.95 *hard cover*

ALL FOR LOVE *Dryden*
LADY WINDERMERE'S FAN *Wilde*
SHE STOOPS TO CONQUER
Goldsmith
THE BEAUX' STRATAGEM *Farquhar*
THE BEGGAR'S OPERA *Gay*
THE DUCHESS OF MALFI *Webster*
THE IMPORTANCE OF BEING
EARNEST *Wilde*
THE RIVALS *Sheridan*
THE SCHOOL FOR SCANDAL *Sheridan*
THE WAY OF THE WORLD *Congreve*
VOLPONE, OR THE FOX *Jonson*
MEDIEVAL MYSTERIES,
   MORALITIES AND INTERLUDES
     $1.25 *paper*, $2.50 *hard cover*
In a companion edition
DR. FAUSTUS *Marlowe*   50¢ *paper*
HAMLET (First Quarto) *Shakespeare*
     $1.95 *paper*
THE ALCHEMIST *Jonson*   95¢ *paper*
THE KNIGHT OF THE BURNING
PESTLE *Beaumont & Fletcher* 95¢ *paper*
THE REHEARSAL, AND THE CRITIC
Buckingham; Sheridan   65¢ *paper*
THE SPANISH TRAGEDY
Kyd   95¢ *paper*.

201 FRENCH VERBS

FULLY CONJUGATED
IN ALL THE TENSES
Alphabetically arranged

Christopher Kendris, PH.D.

Chairman, Foreign Language Department
Farmingdale High School
Farmingdale, New York

BARRON'S EDUCATIONAL SERIES,
Woodbury, N. Y.

PRINTED IN THE UNITED STATES OF AMERICA

Library of Congress Catalog No. 62–18770

To all my students — past, present and future

CONTENTS

AN EVERYDAY DICTIONARY such as this one for students in colleges and high schools and for travelers should assist the user in learning French verbs.

Verb conjugations are usually found in the back pages of French books and, as you know, French grammar books generally present a limited number of verbs fully conjugated. The verbs which grammar books give are usually the most common regular and irregular ones and only a few of them are conjugated fully. Verbs have always been a major problem for students no matter what system or approach the teacher uses. This everyday dictionary will give you the verb form you need to use. If you study this book, you should master verbs.

There is no doubt that it is frustrating to the student when he does not find in a book the conjugation of a verb he needs to use. It is also somewhat annoying to the average student when he is told in many grammar books that one verb is conjugated the same way as another. This means nothing to some students and very little to others. Although this may seem difficult to believe, it is nevertheless true. Furthermore, verbs conjugated in the same way as other verbs are often difficult to find because they are buried somewhere either in footnotes or in some other obscure place in a grammar book. As a student of French, you undoubtedly have had difficulty in finding the verb form you wish to use. At other times, you probably did not find it at all and tossed the book aside in despair.

For reasons stated above, this everyday dictionary has been compiled in order to help you make your task easier and at the same time to teach you how to learn French verbs systematically.

It is a useful dictionary which can always be at your fingertips because it provides a quick and easy way to find the full conjugation of many French verbs. The two hundred and one verbs included in this dictionary are arranged alphabetically. Naturally, this book does not include all the verbs in the French language. It includes an enormous number of common verbs of high frequency, both reflexive and non-reflexive. It also contains a great many others which are irregular in some way and also used frequently.

The student can also use this dictionary as a method of self-instruction. *On one single page you will find the verb forms of all the tenses you need to know.* The subject pronouns have been omitted. The first three verb forms before the semicolon are the first, second and third persons of the singular. The three verb forms after the semicolon are the plural forms of the verbs. After a while, you will gain skill in verb use and you will not have to keep referring to the sample English verb.

At the end of this foreword, you will find a sample English verb conjugated in all the tenses. The purpose of this is to give you an idea of the way the verb is expressed in the same tenses in English. Many people do not know one tense from another because they have never learned the use of verbs in a systematic and organized way. How can you, for instance, know that you need the Future Tense when you want to translate "I shall go" or "I will go" into French? The sample verb in English will help you to distinguish one tense from another so that you will know where to find the desired verb form.

Preceding the sample English verb page, you will find a table showing the formation of regular verbs, both simple and compound, in all the tenses. I have included this for those who wish to observe and memorize the regular endings. Also, at the end of this book, you will find an English-French Verb Index. If you do not know the French equivalent of the English verb you have in mind, look it up in the English-French Verb Index at the end of this dictionary. If it is not listed, remember that this book contains two hundred and one French verbs of high frequency and it does not contain all the verbs in the French language. If it did, the book would be encyclopedic.

As you know, the new way to teach modern languages is with an audio-lingual approach, that is to say, conversational. This means that the language is *used*. In this approach, the student's main difficulty is his search for the form of the verb in a particular tense which he wants to use. He will not stop and read *about* French verbs; rather, he will stop to look up the verb in a dictionary, such as this one, in order to find the form he wants quickly and easily. He is more concerned with what the verb form *is* rather than how it got to be what it is. Nor does the student of today or the traveler want to be told that the verb he has in mind is conjugated in the same way as another verb which is located on some other page. Times have changed, people's attitudes have changed, and methods and techniques in teaching modern languages have changed. We must meet the new needs and the changes.

In conclusion, this dictionary provides students of French in colleges and high schools, and travelers, with the needed information quickly and easily. It is useful, handy and practical. I sincerely hope that it will be of some help to you in learning and using French verbs.

Christopher Kendris, Ph.D.
Chairman, Foreign Language Department

FARMINGDALE HIGH SCHOOL
FARMINGDALE, LONG ISLAND, NEW YORK

VERBS CONJUGATED WITH AVOIR OR ÊTRE

(1) Generally speaking, the French verb is conjugated with AVOIR to form the compound tenses.
(2) Reflexive verbs, such as *se laver*, are conjugated with ÊTRE.
(3) The following is a list of some common non-reflexive verbs which are conjugated with ÊTRE. Refer to this list from time to time until you know them.

aller	*to go*
arriver	*to arrive*
descendre	*to go down*
devenir	*to become*
entrer	*to enter*
monter	*to go up*
mourir	*to die*
naître	*to be born*
partir	*to leave*
rentrer	*to come (go) back home*
rester	*to remain*
retourner	*to go back, return*
revenir	*to come back*
sortir	*to go out, to leave*
tomber	*to fall*
venir	*to come*

LES TEMPS PRIMITIFS DE QUELQUES VERBES

THE PRINCIPAL PARTS OF SOME VERBS

INFINITIF	PARTICIPE PRÉSENT	PARTICIPE PASSÉ	PRÉSENT DE L'INDICATIF	PASSÉ SIMPLE
aller	allant	allé	je vais	j'allai
avoir	ayant	eu	j'ai	j'eus
battre	battant	battu	je bats	je battis
boire	buvant	bu	je bois	je bus
craindre	craignant	craint	je crains	je craignis
croire	croyant	cru	je crois	je crus
devoir	devant	dû	je dois	je dus
dire	disant	dit	je dis	je dis
écrire	écrivant	écrit	j'écris	j'écrivis
être	étant	été	je suis	je fus
faire	faisant	fait	je fais	je fis
lire	lisant	lu	je lis	je lus
mettre	mettant	mis	je mets	je mis
mourir	mourant	mort	je meurs	je mourus
naître	naissant	né	je nais	je naquis
ouvrir	ouvrant	ouvert	j'ouvre	j'ouvris
porter	portant	porté	je porte	je portai
pouvoir	pouvant	pu	je peux	je pus
prendre	prenant	pris	je prends	je pris
recevoir	recevant	reçu	je reçois	je reçus
savoir	sachant	su	je sais	je sus
venir	venant	venu	je viens	je vins
vivre	vivant	vécu	je vis	je vécus
voir	voyant	vu	je vois	je vis
voler	volant	volé	je vole	je volai

INFINITIF	PARTICIPE PRÉSENT	PARTICIPE PASSÉ	PRÉSENT DE L'INDICATIF	PASSÉ SIMPLE
donner	donnant	donné	je donne	je donnai

FUTUR	IMPARFAIT DE L'INDICATIF	PASSÉ COMPOSÉ	PRÉSENT DE L'INDICATIF	PASSÉ SIMPLE
donnerai	donnais	ai donné	donne	donnai
donneras	donnais	as donné	donnes	donnas
donnera	donnait	a donné	donne	donna
donnerons		avons donné		donnâmes
donnerez	donnions	avez donné	donnons	donnâtes
donneront	donniez	ont donné	donnez	donnèrent
	donnaient		donnent	

CONDITIONNEL		PLUS-QUE-PARFAIT DE L'INDICATIF	IMPÉRATIF	IMPARFAIT DU SUBJONCTIF
donnerais		avais donné	donne	donnasse
donnerais		avais donné	donnons	donnasses
donnerait		avait donné	donnez	donnât
donnerions		avions donné	PRÉSENT DU SUBJONCTIF	donnassions
donneriez		aviez donné		donnassiez
donneraient		avaient donné	donne	donnassent
			donnes	
		PASSÉ ANTÉRIEUR	donne	
		eus donné		
		eus donné		
		eut donné	donnions	
			donniez	
			donnent	
		eûmes donné		
		eûtes donné		
		eurent donné		

FUTUR ANTÉRIEUR	CONDITIONNEL PASSÉ	PASSÉ DU SUBJONCTIF	PLUS-QUE-PARFAIT DU SUBJONCTIF
aurai donné	aurais donné	aie donné	
auras donné	aurais donné	aies donné	eusse donné
aura donné	aurait donné	ait donné	eusses donné
			eût donné
aurons donné	aurions donné	ayons donné	
aurez donné	auriez donné	ayez donné	eussions donné
auront donné	auraient donné	aient donné	eussiez donné
			eussent donné

INFINITIF	PARTICIPE PRÉSENT	PARTICIPE PASSÉ	PRÉSENT DE L'INDICATIF	PASSÉ SIMPLE
arriver	arrivant	arrivé	j'arrive	j'arrivai

FUTUR	IMPARFAIT DE L'INDICATIF	PASSÉ COMPOSÉ	PRÉSENT DE L'INDICATIF	PASSÉ SIMPLE
arriverai	arrivais	suis arrivé(e)	arrive	arrivai
arriveras	arrivais	es arrivé(e)	arrives	arrivas
arrivera	arrivait	est arrivé(e)	arrive	arriva
arriverons		sommes arrivé(e)s		arrivâmes
arriverez	arrivions	êtes arrivé(e)(s)	arrivons	arrivâtes
arriveront	arriviez	sont arrivé(e)s	arrivez	arrivèrent
	arrivaient		arrivent	

CONDITIONNEL		PLUS-QUE-PARFAIT DE L'INDICATIF	IMPÉRATIF	IMPARFAIT DU SUBJONCTIF
arriverais		étais arrivé(e)	arrive	arrivasse
arriverais		étais arrivé(e)	arrivons	arrivasses
arriverait		était arrivé(e)	arrivez	arrivât
arriverions		étions arrivé(e)s	PRÉSENT DU SUBJONCTIF	arrivassions
arriveriez		étiez arrivé(e)(s)		arrivassiez
arriveraient		étaient arrivé(e)s	arrive	arrivassent
			arrives	
			arrive	
		PASSÉ ANTÉRIEUR		
		fus arrivé(e)		
		fus arrivé(e)	arrivions	
		fut arrivé(e)	arriviez	
			arrivent	
		fûmes arrivé(e)s		
		fûtes arrivé(e)(s)		
		furent arrivé(e)s		

FUTUR ANTÉRIEUR	CONDITIONNEL PASSÉ	PASSÉ DU SUBJONCTIF	PLUS-QUE-PARFAIT DU SUBJONCTIF
serai arrivé(e)	serais arrivé(e)	sois arrivé(e)	
seras arrivé(e)	serais arrivé(e)	sois arrivé(e)	fusse arrivé(e)
sera arrivé(e)	serait arrivé(e)	soit arrivé(e)	fusses arrivé(e)
			fût arrivé(e)
serons arrivé(e)s	serions arrivé(e)s	soyons arrivé(e)s	
serez arrivé(e)(s)	seriez arrivé(e)(s)	soyez arrivé(e)(s)	fussions arrivé(e)s
seront arrivé(e)s	seraient arrivé(e)s	soient arrivé(e)s	fussiez arrivé(e)(s)
			fussent arrivé(e)s

VERB TENSES

French	English
Présent de l'Indicatif	Present Indicative
Imparfait de l'Indicatif	Imperfect Indicative
Passé Simple	Simple Past or Past Definite
Futur	Future
Conditionnel Présent	Conditional
Présent du Subjonctif	Present Subjunctive
Imparfait du Subjonctif	Imperfect Subjunctive
Passé Composé	Past Indefinite
Plus-que-Parfait de l'Indicatif	Pluperfect or Past Perfect Indicative
Passé Antérieur	Past Anterior
Futur Antérieur	Future Perfect or Future Anterior
Conditionnel Passé	Conditional Perfect
Passé du Subjonctif	Past Subjunctive
Plus-que-parfait du Subjonctif	Pluperfect or Past Perfect Subjunctive
Impératif	Imperative or Command

SAMPLE ENGLISH VERB CONJUGATION

INFINITIVE **to go—aller**

PRESENT
PARTICIPLE going
PAST PARTICIPLE gone

Present
Indicative I go, you go, he (she, it) goes; we go, you go, they go

or: I do go, you do go, he (she, it) does go; we do go, you do go, they do go

or: I am going, you are going, he (she, it) is going; we are going, you are going, they are going

Imperfect
Indicative I was going, you were going, he (she, it) was going; we were going, you were going, they were going

or: I went, you went, he (she, it) went; we went, you went, they went .

or: I used to go, you used to go, he (she, it) used to go; we used to go, you used to go, he (she, it) used to go

Past Definite
or Simple Past I went, you went, he (she, it) went; we went, you went, they went

or: I did go, you did go, he (she, it) did go; we did go, you did go, they did go

Future I shall go, you will go, he (she, it) will go; we shall go, you will go, they will go

Conditional I should go, you would go, he (she, it) would go; we should go, you would go, they would go

Present
Subjunctive that I may go, that you may go, that he (she, it) may go; that we may go, that you may go, that they may go

Imperfect *Subjunctive*	that I might go, that you might go, that he (she, it) might go; that we might go, that you might go, that they might go
Past Indefinite	I have gone, you have gone, he (she, it) has gone; we have gone, you have gone, they have gone
	or: I went, you went, he (she, it) went; we went, you went, they went
	or: I did go, you did go, he (she, it) did go; we did go, you did go, they did go
Past Perfect or Pluperfect Indicative	I had gone, you had gone, he (she, it) had gone; we had gone, you had gone, they had gone
Past Anterior	I had gone, you had gone, he (she, it) had gone; we had gone, you had gone, they had gone
Future Perfect or Future Anterior	I shall have gone, you will have gone, he (she, it) will have gone; we shall have gone, you will have gone, they will have gone
Conditional Perfect	I should have gone, you would have gone, he (she, it) would have gone; we should have gone, you would have gone, they would have gone
Past Subjunctive	that I may have gone, that you may have gone, that he (she, it) may have gone; that we may have gone, that you may have gone, that they may have gone
Pluperfect or Past Perfect Subjunctive	that I might have gone, that you might have gone, that he (she, it) might have gone; that we might have gone, that you might have gone, that they might have gone
Imperative or Command	go, let us go, go

French Verbs Fully Conjugated
ALPHABETICALLY ARRANGED

Subject Pronouns

The subject pronouns for all the verbs that follow have been omitted in order to emphasize the verb forms. The subject pronouns are, as you know, as follows:

SINGULAR: je, tu, il (elle, on);
PLURAL: nous, vous, ils (elles)

Pres. Ind.	abandonne, abandonnes, abandonne;	
	abandonnons, abandonnez, abandonnent	*to abandon,*
Imp. Ind.	abandonnais, abandonnais, abandonnait;	*to desert*
	abandonnions, abandonniez, abandonnaient	
Past Def.	abandonnai, abandonnas, abandonna;	
	abandonnâmes, abandonnâtes, abandonnèrent	
Fut. Ind.	abandonnerai, abandonneras, abandonnera;	
	abandonnerons, abandonnerez, abandonneront	
Condit.	abandonnerais, abandonnerais, abandonnerait;	
	abandonnerions, abandonneriez, abandonneraient	
Pres. Subj.	abandonne, abandonnes, abandonne;	
	abandonnions, abandonniez, abandonnent	
Imp. Subj.	abandonnasse, abandonnasses, abandonnât;	
	abandonnassions, abandonnassiez, abandonnassent	
Past Indef.	ai abandonné, as abandonné, a abandonné;	
	avons abandonné, avez abandonné, ont abandonné	
Pluperf.	avais abandonné, avais abandonné, avait abandonné;	
	avions abandonné, aviez abandonné, avaient abandonné	
Past Ant.	eus abandonné, eus abandonné, eut abandonné;	
	eûmes abandonné, eûtes abandonné, eurent abandonné	
Fut. Perf.	aurai abandonné, auras abandonné, aura abandonné;	
	aurons abandonné, aurez abandonné, auront abandonné	
Cond.	aurais abandonné, aurais abandonné, aurait abandonné;	
Perf.	aurions abandonné, auriez abandonné, auraient abandonné	
Past Subj.	aie abandonné, aies abandonné, ait abandonné;	
	ayons abandonné, ayez abandonné, aient abandonné	
Plup. Subj.	eusse abandonné, eusses abandonné, eût abandonné;	
	eussions abandonné, eussiez abandonné, eussent abandonné	
Imperative	abandonne, abandonnons, abandonnez	

1

Pres. Ind.	abats, abats, abat; abattons, abattez, abattent
Imp. Ind.	abattais, abattais, abattait; abattions, abattiez, abattaient
Past Def.	abattis, abattis, abattit; abattîmes, abattîtes, abattirent
Fut. Ind.	abattrai, abattras, abattra; abattrons, abattrez, abattront
Condit.	abattrais, abattrais, abattrait; abattrions, abattriez, abattraient
Pres. Subj.	abatte, abattes, abatte; abattions, abattiez, abattent
Imp. Subj.	abattisse, abattisses, abattît; abattissions, abattissiez, abattissent
Past Indef.	ai abattu, as abattu, a abattu; avons abattu, avez abattu, ont abattu
Pluperf.	avais abattu, avais abattu, avait abattu; avions abattu, aviez abattu, avaient abattu
Past Ant.	eus abattu, eus abattu, eut abattu; eûmes abattu, eûtes abattu, eurent abattu
Fut. Perf.	aurai abattu, auras abattu, aura abattu; aurons abattu, aurez abattu, auront abattu
Cond. *Perf.*	aurais abattu, aurais abattu, aurait abattu; aurions abattu, auriez abattu, auraient abattu
Past Subj.	aie abattu, aies abattu, ait abattu; ayons abattu, ayez abattu, aient abattu
Plup. Subj.	eusse abattu, eusses abattu, eût abattu; eussions abattu, eussiez abattu, eussent abattu
Imperative	abats, abattons, abattez

to dishearten,
strike down,
knock down

Pres. Ind.	m'abstiens, t'abstiens, s'abstient; nous abstenons, vous abstenez, s'abstiennent	*to abstain*
Imp. Ind.	m'abstenais, t'abstenais, s'abstenait; nous abstenions, vous absteniez, s'abstenaient	
Past Def.	m'abstins, t'abstins, s'abstint; nous abstînmes, vous abstîntes, s'abstinrent	
Fut. Ind.	m'abstiendrai, t'abstiendras, s'abstiendra; nous abstiendrons, vous abstiendrez, s'abstiendront	
Condit.	m'abstiendrais, t'abstiendrais, s'abstiendrait; nous abstiendrions, vous abstiendriez, s'abstiendraient	
Pres. Subj.	m'abstienne, t'abstiennes, s'abstienne; nous abstenions, vous absteniez, s'abstiennent	
Imp. Subj.	m'abstinsse, t'abstinsses, s'abstînt; nous abstinssions, vous abstinssiez, s'abstinssent	
Past Indef.	me suis abstenu(e), t'es abstenu(e), s'est abstenu(e); nous sommes abstenu(e)s, vous êtes abstenu(e)(s), se sont abstenu(e)s	
Pluperf.	m'étais abstenu(e), t'étais abstenu(e), s'était abstenu(e); nous étions abstenu(e)s, vous étiez abstenu(e)(s), s'étaient abstenu(e)s	
Past Ant.	me fus abstenu(e), te fus abstenu(e), se fut abstenu(e); nous fûmes abstenu(e)s, vous fûtes abstenu(e)(s), se furent abstenu(e)s	
Fut. Perf.	me serai abstenu(e), te seras abstenu(e), se sera abstenu(e); nous serons abstenu(e)s, vous serez abstenu(e)(s), se seront abstenu(e)s	
Cond. *Perf.*	me serais abstenu(e), te serais abstenu(e), se serait abstenu(e); nous serions abstenu(e)s, vous seriez abstenu(e)(s), se seraient abstenu(e)s	
Past Subj.	me sois abstenu(e), te sois abstenu(e), se soit abstenu(e); nous soyons abstenu(e)s, vous soyez abstenu(e)(s), se soient abstenu(e)s	
Plup. Subj.	me fusse abstenu(e), te fusses abstenu(e), se fût abstenu(e); nous fussions abstenu(e)s, vous fussiez abstenu(e)(s), se fussent abstenu(e)s	
Imperative	abstiens-toi, abstenons-nous, abstenez-vous	

Pres. Ind.	accepte, acceptes, accepte; acceptons, acceptez, acceptent
Imp. Ind.	acceptais, acceptais, acceptait; acceptions, acceptiez, acceptaient
Past Def.	acceptai, acceptas, accepta; acceptâmes, acceptâtes, acceptèrent
Fut. Ind.	accepterai, accepteras, acceptera; accepterons, accepterez, accepteront
Condit.	accepterais, accepterais, accepterait; accepterions, accepteriez, accepteraient
Pres. Subj.	accepte, acceptes, accepte; acceptions, acceptiez, acceptent
Imp. Subj.	acceptasse, acceptasses, acceptât; acceptassions, acceptassiez, acceptassent
Past Indef.	ai accepté, as accepté, a accepté; avons accepté, avez accepté, ont accepté
Pluperf.	avais accepté, avais accepté, avait accepté; avions accepté, aviez accepté, avaient accepté
Past Ant.	eus accepté, eus accepté, eut accepté; eûmes accepté, eûtes accepté, eurent accepté
Fut. Perf.	aurai accepté, auras accepté, aura accepté; aurons accepté, aurez accepté, auront accepté
Cond. *Perf.*	aurais accepté, aurais accepté, aurait accepté; aurions accepté, auriez accepté, auraient accepté
Past Subj.	aie accepté, aies accepté, ait accepté; ayons accepté, ayez accepté, aient accepté
Plup. Subj.	eusse accepté, eusses accepté, eût accepté; eussions accepté, eussiez accepté, eussent accepté
Imperative	accepte, acceptons, acceptez

to accept

4

Pres. Ind.	accompagne, accompagnes, accompagne; accompagnons, accompagnez, accompagnent	*to accompany*
Imp. Ind.	accompagnais, accompagnais, accompagnait; accompagnions, accompagniez, accompagnaient	
Past Def.	accompagnai, accompagnas, accompagna; accompagnâmes, accompagnâtes, accompagnèrent	
Fut. Ind.	accompagnerai, accompagneras, accompagnera; accompagnerons, accompagnerez, accompagneront	
Condit.	accompagnerais, accompagnerais, accompagnerait; accompagnerions, accompagneriez, accompagneraient	
Pres. Subj.	accompagne, accompagnes, accompagne; accompagnions, accompagniez, accompagnent	
Imp. Subj.	accompagnasse, accompagnasses, accompagnât; accompagnassions, accompagnassiez, accompagnassent	
Past Indef.	ai accompagné, as accompagné, a accompagné; avons accompagné, avez accompagné, ont accompagné	
Pluperf.	avais accompagné, avais accompagné, avait accompagné; avions accompagné, aviez accompagné, avaient accompagné	
Past Ant.	eus accompagné, eus accompagné, eut accompagné; eûmes accompagné, eûtes accompagné, eurent accompagné	
Fut. Perf.	aurai accompagné, auras accompagné, aura accompagné; aurons accompagné, aurez accompagné, auront accompagné	
Cond. *Perf.*	aurais accompagné, aurais accompagné, aurait accompagné; aurions accompagné, auriez accompagné, auraient accompagné	
Past Subj.	aie accompagné, aies accompagné, ait accompagné; ayons accompagné, ayez accompagné, aient accompagné	
Plup. Subj.	eusse accompagné, eusses accompagné, eût accompagné; eussions accompagné, eussiez accompagné, eussent accompagné	
Imperative	accompagne, accompagnons, accompagnez	

Pres. Ind.	accueille, accueilles, accueille; accueillons, accueillez, accueillent
Imp. Ind.	accueillais, accueillais, accueillait; accueillions, accueilliez, accueillaient
Past Def.	accueillis, accueillis, accueillit; accueillîmes, accueillîtes, accueillirent
Fut. Ind.	accueillerai, accueilleras, accueillera; accueillerons, accueillerez, accueilleront
Condit.	accueillerais, accueillerais, accueillerait; accueillerions, accueilleriez, accueilleraient
Pres. Subj.	accueille, accueilles, accueille; accueillions, accueilliez, accueillent
Imp. Subj.	accueillisse, accueillisses, accueillît; accueillissions, accueillissiez, accueillissent
Past Indef.	ai accueilli, as accueilli, a accueilli; avons accueilli, avez accueilli, ont accueilli
Pluperf.	avais accueilli, avais accueilli, avait accueilli; avions accueilli, aviez accueilli, avaient accueilli
Past Ant.	eus accueilli, eus accueilli, eut accueilli; eûmes accueilli, eûtes accueilli, eurent accueilli
Fut. Perf.	aurai accueilli, auras accueilli, aura accueilli; aurons accueilli, aurez accueilli, auront accueilli
Cond. Perf.	aurais accueilli, aurais accueilli, aurait accueilli; aurions accueilli, auriez accueilli, auraient accueilli
Past Subj.	aie accueilli, aies accueilli, ait accueilli; ayons accueilli, ayez accueilli, aient accueilli
Plup. Subj.	eusse accueilli, eusses accueilli, eût accueilli; eussions accueilli, eussiez accueilli, eussent accueilli
Imperative	accueille, accueillons, accueillez

to greet, welcome

6

Pres. Ind.	achète, achètes, achète; achetons, achetez, achètent
Imp. Ind.	achetais, achetais, achetait; achetions, achetiez, achetaient
Past Def.	achetai, achetas, acheta; achetâmes, achetâtes, achetèrent
Fut. Ind.	achèterai, achèteras, achètera; achèterons, achèterez, achèteront
Condit.	achèterais, achèterais, achèterait; achèterions, achèteriez, achèteraient
Pres. Subj.	achète, achètes, achète; achetions, achetiez, achètent
Imp. Subj.	achetasse, achetasses, achetât; achetassions, achetassiez, achetassent
Past Indef.	ai acheté, as acheté, a acheté; avons acheté, avez acheté, ont acheté
Pluperf.	avais acheté, avais acheté, avait acheté; avions acheté, aviez acheté, avaient acheté
Past Ant.	eus acheté, eus acheté, eut acheté; eûmes acheté, eûtes acheté, eurent acheté
Fut. Perf.	aurai acheté, auras acheté, aura acheté; aurons acheté, aurez acheté, auront acheté
Cond. *Perf.*	aurais acheté, aurais acheté, aurait acheté; aurions acheté, auriez acheté, auraient acheté
Past Subj.	aie acheté, aies acheté, ait acheté; ayons acheté, ayez acheté, aient acheté
Plup. Subj.	eusse acheté, eusses acheté, eût acheté; eussions acheté, eussiez acheté, eussent acheté
Imperative	achète, achetons, achetez

to buy,
purchase

7

Pres. Ind.	acquiers, acquiers, acquiert; acquérons, acquérez, acquièrent	*to acquire*
Imp. Ind.	acquérais, acquérais, acquérait; acquérions, acquériez, acquéraient	
Past Def.	acquis, acquis, acquit; acquîmes, acquîtes, acquirent	
Fut. Ind.	acquerrai, acquerras, acquerra; acquerrons, acquerrez, acquerront	
Condit.	acquerrais, acquerrais, acquerrait; acquerrions, acquerriez, acquerraient	
Pres. Subj.	acquière, acquières, acquière; acquérions, acquériez, acquièrent	
Imp. Subj.	acquisse, acquisses, acquît; acquissions, acquissiez, acquissent	
Past Indef.	ai acquis, as acquis, a acquis; avons acquis, avez acquis, ont acquis	
Pluperf.	avais acquis, avais acquis, avait acquis; avions acquis, aviez acquis, avaient acquis	
Past Ant.	eus acquis, eus acquis, eut acquis; eûmes acquis, eûtes acquis, eurent acquis	
Fut. Perf.	aurai acquis, auras acquis, aura acquis; aurons acquis, aurez acquis, auront acquis	
Cond. Perf.	aurais acquis, aurais acquis, aurait acquis; aurions acquis, auriez acquis, auraient acquis	
Past Subj.	aie acquis, aies acquis, ait acquis; ayons acquis, ayez acquis, aient acquis	
Plup. Subj.	eusse acquis, eusses acquis, eût acquis; eussions acquis, eussiez acquis, eussent acquis	
Imperative	acquiers, acquérons, acquérez	

8

admettre

Pres. Ind.	admets, admets, admet; admettons, admettez, admettent	*to admit*
Imp. Ind.	admettais, admettais, admettait; admettions, admettiez, admettaient	
Past Def.	admis, admis, admit; admîmes, admîtes, admirent	
Fut. Ind.	admettrai, admettras, admettra; admettrons, admettrez, admettront	
Condit.	admettrais, admettrais, admettrait; admettrions, admettriez, admettraient	
Pres. Subj.	admette, admettes, admette; admettions, admettiez, admettent	
Imp. Subj.	admisse, admisses, admît; admissions, admissiez, admissent	
Past Indef.	ai admis, as admis, a admis; avons admis, avez admis, ont admis	
Pluperf.	avais admis, avais admis, avait admis; avions admis, aviez admis, avaient admis	
Past Ant.	eus admis, eus admis, eut admis; eûmes admis, eûtes admis, eurent admis	
Fut. Perf.	aurai admis, auras admis, aura admis; aurons admis, aurez admis, auront admis	
Cond. Perf.	aurais admis, aurais admis, aurait admis; aurions admis, auriez admis, auraient admis	
Past Subj.	aie admis, aies admis, ait admis; ayons admis, ayez admis, aient admis	
Plup. Subj.	eusse admis, eusses admis, eût admis; eussions admis, eussiez admis, eussent admis	
Imperative	admets, admettons, admettez	

Pres. Ind.	aide, aides, aide; aidons, aidez, aident
Imp. Ind.	aidais, aidais, aidait; aidions, aidiez, aidaient
Past Def.	aidai, aidas, aida; aidâmes, aidâtes, aidèrent
Fut. Ind.	aiderai, aideras, aidera; aiderons, aiderez, aideront
Condit.	aiderais, aiderais, aiderait; aiderions, aideriez, aideraient
Pres. Subj.	aide, aides, aide; aidions, aidiez, aident
Imp. Subj.	aidasse, aidasses, aidât; aidassions, aidassiez, aidassent
Past Indef.	ai aidé, as aidé, a aidé; avons aidé, avez aidé, ont aidé
Pluperf.	avais aidé, avais aidé, avait aidé; avions aidé, aviez aidé, avaient aidé
Past Ant.	eus aidé, eus aidé, eut aidé; eûmes aidé, eûtes aidé, eurent aidé
Fut. Perf.	aurai aidé, auras aidé, aura aidé; aurons aidé, aurez aidé, auront aidé
Cond. *Perf.*	aurais aidé, aurais aidé, aurait aidé; aurions aidé, auriez aidé, auraient aidé
Past Subj.	aie aidé, aies aidé, ait aidé; ayons aidé, ayez aidé, aient aidé
Plup. Subj.	eusse aidé, eusses aidé, eût aidé; eussions aidé, eussiez aidé, eussent aidé
Imperative	aide, aidons, aidez

to aid, to help,
to assist

Pres. Ind.	aime, aimes, aime; aimons, aimez, aiment	*to love,*
Imp. Ind.	aimais, aimais, aimait; aimions, aimiez, aimaient	*to like*
Past Def.	aimai, aimas, aima; aimâmes, aimâtes, aimèrent	
Fut. Ind.	aimerai, aimeras, aimera; aimerons, aimerez, aimeront	
Condit.	aimerais, aimerais, aimerait; aimerions, aimeriez, aimeraient	
Pres. Subj.	aime, aimes, aime; aimions, aimiez, aiment	
Imp. Subj.	aimasse, aimasses, aimât; aimassions, aimassiez, aimassent	
Past Indef.	ai aimé, as aimé, a aimé; avons aimé, avez aimé, ont aimé	
Pluperf.	avais aimé, avais aimé, avait aimé; avions aimé, aviez aimé, avaient aimé	
Past Ant.	eus aimé, eus aimé, eut aimé; eûmes aimé, eûtes aimé, eurent aimé	
Fut. Perf.	aurai aimé, auras aimé, aura aimé; aurons aimé, aurez aimé, auront aimé	
Cond. *Perf.*	aurais aimé, aurais aimé, aurait aimé; aurions aimé, auriez aimé, auraient aimé	
Past Subj.	aie aimé, aies aimé, ait aimé; ayons aimé, ayez aimé, aient aimé	
Plup. Subj.	eusse aimé, eusses aimé, eût aimé; eussions aimé, eussiez aimé, eussent aimé	
Imperative	aime, aimons, aimez	

11

Pres. Ind.	vais, vas, va; allons, allez, vont	*to go*
Imp. Ind.	allais, allais, allait; allions, alliez, allaient	
Past Def.	allai, allas, alla; allâmes, allâtes, allèrent	
Fut. Ind.	irai, iras, ira; irons, irez, iront	
Condit.	irais, irais, irait; irions, iriez, iraient	
Pres. Subj.	aille, ailles, aille; allions, alliez, aillent	
Imp. Subj.	allasse, allasses, allât; allasions, allassiez, allassent	
Past Indef.	suis allé(e), es allé(e), est allé(e); sommes allé(e)s, êtes allé(e)(s), sont allé(e)s	
Pluperf.	étais allé(e), étais allé(e), était allé(e); étions allé(e)s, étiez allé(e)(s), étaient allé(e)s	
Past Ant.	fus allé(e), fus allé(e), fut allé(e); fûmes allé(e)s, fûtes allé(e)(s), furent allé(e)s	
Fut. Perf.	serai allé(e), seras allé(e), sera allé(e); serons allé(e)s, serez allé(e)(s), seront allé(e)s	
Cond. Perf.	serais allé(e), serais allé(e), serait allé(e); serions allé(e)s, seriez allé(e)(s), seraient allé(e)s	
Past Subj.	sois allé(e), sois allé(e), soit allé(e); soyons allé(e)s, soyez allé(e)(s), soient allé(e)s	
Plup. Subj.	fusse allé(e), fusses allé(e), fût allé(e); fussions allé(e)s, fussiez allé(e)(s), fussent allé(e)s	
Imperative	va, allons, allez	

Pres. Ind.	m'en vais, t'en vas, s'en va;
	nous en allons, vous en allez, s'en vont

to go away

Imp. Ind.	m'en allais, t'en allais, s'en allait;
	nous en allions, vous en alliez, s'en allaient
Past Def.	m'en allai, t'en allas, s'en alla;
	nous en allâmes, vous en allâtes, s'en allèrent
Fut. Ind.	m'en irai, t'en iras, s'en ira;
	nous en irons, vous en irez, s'en iront
Condit.	m'en irais, t'en irais, s'en irait;
	nous en irions, vous en iriez, s'en iraient
Pres. Subj.	m'en aille, t'en ailles, s'en aille;
	nous en allions, vous en alliez, s'en aillent
Imp. Subj.	m'en allasse, t'en allasses, s'en allât;
	nous en allassions, vous en allassiez, s'en allassent
Past Indef.	m'en suis allé(e), t'en es allé(e), s'en est allé(e);
	nous en sommes allé(e)s, vous en êtes allé(e)(s), s'en sont allé(e)s
Pluperf.	m'en étais allé(e), t'en étais allé(e), s'en était allé(e);
	nous en étions allé(e)s, vous en étiez allé(e)(s), s'en étaient allé(e)s
Past Ant.	m'en fus allé(e), t'en fus allé(e), s'en fut allé(e);
	nous en fûmes allé(e)s, vous en fûtes allé(e)(s), s'en furent allé(e)s
Fut. Perf.	m'en serai allé(e), t'en seras allé(e), s'en sera allé(e);
	nous en serons allé(e)s, vous en serez allé(e)(s), s'en seront allé(e)s
Cond.	m'en serais allé(e), t'en serais allé(e), s'en serait allé(e);
Perf.	nous en serions allé(e)s, vous en seriez allé(e)(s), s'en seraient allé(e)s
Past Subj.	m'en sois allé(e), t'en sois allé(e), s'en soit allé(e);
	nous en soyons allé(e)s, vous en soyez allé(e)(s), s'en soient allé(e)s
Plup. Subj.	m'en fusse allé(e), t'en fusses allé(e), s'en fût allé(e);
	nous en fussions allé(e)s, vous en fussiez allé(e)(s), s'en fussent allé(e)s
Imperative	va-t'en, allons-nous-en, allez-vous-en

Pres. Ind.	m'amuse, t'amuses, s'amuse; nous amusons, vous amusez, s'amusent	*to have a good time,*
Imp. Ind.	m'amusais, t'amusais, s'amusait; nous amusions, vous amusiez, s'amusaient	*amuse oneself,*
Past Def.	m'amusai, t'amusas, s'amusa; nous amusâmes, vous amusâtes, s'amusèrent	*enjoy oneself*
Fut. Ind.	m'amuserai, t'amuseras, s'amusera; nous amuserons, vous amuserez, s'amuseront	
Condit.	m'amuserais, t'amuserais, s'amuserait; nous amuserions, vous amuseriez, s'amuseraient	
Pres. Subj.	m'amuse, t'amuses, s'amuse; nous amusions, vous amusiez, s'amusent	
Imp. Subj.	m'amusasse, t'amusasses, s'amusât; nous amusassions, vous amusassiez, s'amusassent	
Past Indef.	me suis amusé(e), t'es amusé(e), s'est amusé(e); nous sommes amusé(e)s, vous êtes amusé(e)(s), se sont amusé(e)s	
Pluperf.	m'étais amusé(e), t'étais amusé(e), s'était amusé(e); nous étions amusé(e)s, vous étiez amusé(e)(s), s'étaient amusé(e)s	
Past Ant.	me fus amusé(e), te fus amusé(e), se fut amusé(e); nous fûmes amusé(e)s, vous fûtes amusé(e)(s), se furent amusé(e)s	
Fut. Perf.	me serai amusé(e), te seras amusé(e), se sera amusé(e); nous serons amusé(e)s, vous serez amusé(e)(s), se seront amusé(e)s	
Cond. *Perf.*	me serais amusé(e), te serais amusé(e), se serait amusé(e); nous serions amusé(e)s, vous seriez amusé(e)(s), se seraient amusé(e)s	
Past Subj.	me sois amusé(e), te sois amusé(e), se soit amusé(e); nous soyons amusé(e)s, vous soyez amusé(e)(s), se soient amusé(e)s	
Plup. Subj.	me fusse amusé(e), te fusses amusé(e), se fût amusé(e); nous fussions amusé(e)s, vous fussiez amusé(e)(s), se fussent amusé(e)s	
Imperative	amuse-toi, amusons-nous, amusez-vous	

14

Pres. Ind.	aperçois, aperçois, aperçoit;	
	apercevons, apercevez, aperçoivent	*to perceive,*
Imp. Ind.	apercevais, apercevais, apercevait;	*see*
	apercevions, aperceviez, apercevaient	
Past Def.	aperçus, aperçus, aperçut;	
	aperçûmes, aperçûtes, aperçurent	
Fut. Ind.	apercevrai, apercevras, apercevra;	
	apercevrons, apercevrez, apercevront	
Condit.	apercevrais, apercevrais, apercevrait;	
	apercevrions, apercevriez, apercevraient	
Pres. Subj.	aperçoive, aperçoives, aperçoive;	
	apercevions, aperceviez, aperçoivent	
Imp. Subj.	aperçusse, aperçusses, aperçût;	
	aperçussions, aperçussiez, aperçussent	
Past Indef.	ai aperçu, as aperçu, a aperçu;	
	avons aperçu, avez aperçu, ont aperçu	
Pluperf.	avais aperçu, avais aperçu, avait aperçu;	
	avions aperçu, aviez aperçu, avaient aperçu	
Past Ant.	eus aperçu, eus aperçu, eut aperçu;	
	eûmes aperçu, eûtes aperçu, eurent aperçu	
Fut. Perf.	aurai aperçu, auras aperçu, aura aperçu;	
	aurons aperçu, aurez aperçu, auront aperçu	
Cond.	aurais aperçu, aurais aperçu, aurait aperçu;	
Perf.	aurions aperçu, auriez aperçu, auraient aperçu	
Past Subj.	aie aperçu, aies aperçu, ait aperçu;	
	ayons aperçu, ayez aperçu, aient aperçu	
Plup. Subj.	eusse aperçu, eusses aperçu, eût aperçu;	
	eussions aperçu, eussiez aperçu, eussent aperçu	
Imperative	aperçois, apercevons, apercevez	

Pres. Ind.	apparais, apparais, apparaît; apparaissons, apparaissez, apparaissent	*to appear*
Imp. Ind.	apparaissais, apparaissais, apparaissait; apparaissions, apparaissiez, apparaissaient	
Past Def.	apparus, apparus, apparut; apparûmes, apparûtes, apparurent	
Fut. Ind.	apparaîtrai, apparaîtras, apparaîtra; apparaîtrons, apparaîtrez, apparaîtront	
Condit.	apparaîtrais, apparaîtrais, apparaîtrait; apparaîtrions, apparaîtriez, apparaîtraient	
Pres. Subj.	apparaisse, apparaisses, apparaisse; apparaissions, apparaissiez, apparaissent	
Imp. Subj.	apparusse, apparusses, apparût; apparussions, apparussiez, apparussent	
Past Indef.	ai apparu, as apparu, a apparu; avons apparu, avez apparu, ont apparu	
Pluperf.	avais apparu, avais apparu, avait apparu; avions apparu, aviez apparu, avaient apparu	
Past Ant.	eus apparu, eus apparu, eut apparu; eûmes apparu, eûtes apparu, eurent apparu	
Fut. Perf.	aurai apparu, auras apparu, aura apparu; aurons apparu, aurez apparu, auront apparu	
Cond. *Perf.*	aurais apparu, aurais apparu, aurait apparu; aurions apparu, auriez apparu, auraient apparu	
Past Subj.	aie apparu, aies apparu, ait apparu; ayons apparu, ayez apparu, aient apparu	
Plup. Subj.	eusse apparu, eusses apparu, eût apparu; eussions apparu, eussiez apparu, eussent apparu	
Imperative	apparais, apparaissons, apparaissez	

16

Pres. Ind.	appartiens, appartiens, appartient; appartenons, appartenez, appartiennent	*to belong*
Imp. Ind.	appartenais, appartenais, appartenait; appartenions, apparteniez, appartenaient	
Past Def.	appartins, appartins, appartint; appartînmes, appartîntes, appartinrent	
Fut. Ind.	appartiendrai, appartiendras, appartiendra; appartiendrons, appartiendrez, appartiendront	
Condit.	appartiendrais, appartiendrais, appartiendrait; appartiendrions, appartiendriez, appartiendraient	
Pres. Subj.	appartienne, appartiennes, appartienne; appartenions, apparteniez, appartiennent	
Imp. Subj.	appartinsse, appartinsses, appartînt; appartinssions, appartinssiez, appartinssent	
Past Indef.	ai appartenu, as appartenu, a appartenu; avons appartenu, avez appartenu, ont appartenu	
Pluperf.	avais appartenu, avais appartenu, avait appartenu; avions appartenu, aviez appartenu, avaient appartenu	
Past Ant.	eus appartenu, eus appartenu, eut appartenu; eûmes appartenu, eûtes appartenu, eurent appartenu	
Fut. Perf.	aurai appartenu, auras appartenu, aura appartenu; aurons appartenu, aurez appartenu, auront appartenu	
Cond. *Perf.*	aurais appartenu, aurais appartenu, aurait appartenu; aurions appartenu, auriez appartenu, auraient appartenu	
Past Subj.	aie appartenu, aies appartenu, ait appartenu; ayons appartenu, ayez appartenu, aient appartenu	
Plup. Subj.	eusse appartenu, eusses appartenu, eût appartenu; eussions appartenu, eussiez appartenu, eussent appartenu	
Imperative	appartiens, appartenons, appartenez	

Pres. Ind.	appelle, appelles, appelle; appelons, appelez, appellent	*to call,*
Imp. Ind.	appelais, appelais, appelait; appelions, appeliez, appelaient	*name*
Past Def.	appelai, appelas, appela; appelâmes, appelâtes, appelèrent	
Fut. Ind.	appellerai, appelleras, appellera; appellerons, appellerez, appelleront	
Condit.	appellerais, appellerais, appellerait; appellerions, appelleriez, appelleraient	
Pres. Subj.	appelle, appelles, appelle; appelions, appeliez, appellent	
Imp. Subj.	appelasse, appelasses, appelât; appelassions, appelassiez, appelassent	
Past Indef.	ai appelé, as appelé, a appelé; avons appelé, avez appelé, ont appelé	
Pluperf.	avais appelé, avais appelé, avait appelé; avions appelé, aviez appelé, avaient appelé	
Past Ant.	eus appelé, eus appelé, eut appelé; eûmes appelé, eûtes appelé, eurent appelé	
Fut. Perf.	aurai appelé, auras appelé, aura appelé; aurons appelé, aurez appelé, auront appelé	
Cond. Perf.	aurais appelé, aurais appelé, aurait appelé; aurions appelé, auriez appelé, auraient appelé	
Past Subj.	aie appelé, aies appelé, ait appelé; ayons appelé, ayez appelé, aient appelé	
Plup. Subj.	eusse appelé, eusses appelé, eût appelé; eussions appelé, eussiez appelé, eussent appelé	
Imperative	appelle, appelons, appelez	

18

Pres. Ind.	m'appelle, t'appelles, s'appelle;
	nous appelons, vous appelez, s'appellent
Imp. Ind.	m'appelais, t'appelais, s'appelait;
	nous appelions, vous appeliez, s'appelaient
Past Def.	m'appelai, t'appelas, s'appela;
	nous appelâmes, vous appelâtes, s'appelèrent
Fut. Ind.	m'appellerai, t'appelleras, s'appellera;
	nous appellerons, vous appellerez, s'appelleront
Condit.	m'appellerais, t'appellerais, s'appellerait;
	nous appellerions, vous appelleriez, s'appelleraient
Pres. Subj.	m'appelle, t'appelles, s'appelle;
	nous appelions, vous appeliez, s'appellent
Imp. Subj.	m'appelasse, t'appelasses, s'appelât;
	nous appelassions, vous appelassiez, s'appelassent
Past Indef.	me suis appelé(e), t'es appelé(e), s'est appelé(e);
	nous sommes appelé(e)s, vous êtes appelé(e)(s), se sont appelé(e)s
Pluperf.	m'étais appelé(e), t'étais appelé(e), s'était appelé(e);
	nous étions appelé(e)s, vous étiez appelé(e)(s), s'étaient appelé(e)s
Past Ant.	me fus appelé(e), te fus appelé(e), se fut appelé(e);
	nous fûmes appelé(e)s, vous fûtes appelé(e)(s), se furent appelé(e)s
Fut. Perf.	me serai appelé(e), te seras appelé(e), se sera appelé(e);
	nous serons appelé(e)s, vous serez appelé(e)(s), se seront appelé(e)s
Cond.	me serais appelé(e), te serais appelé(e), se serait appelé(e);
Perf.	nous serions appelé(e)s, vous seriez appelé(e)(s), se seraient appelé(e)s
Past Subj.	me sois appelé(e), te sois appelé(e), se soit appelé(e);
	nous soyons appelé(e)s, vous soyez appelé(e)(s), se soient appelé(e)s
Plup. Subj.	me fusse appelé(e), te fusses appelé(e), se fût appelé(e);
	nous fussions appelé(e)s, vous fussiez appelé(e)(s), se fussent appelé(e)s
Imperative	appelle-toi, appelons-nous, appelez-vous

to be named,
call oneself

19

Pres. Ind.	apporte, apportes, apporte; apportons, apportez, apportent	*to bring*
Imp. Ind.	apportais, apportais, apportait; apportions, apportiez, apportaient	
Past Def.	apportai, apportas, apporta; apportâmes, apportâtes, apportèrent	
Fut. Ind.	apporterai, apporteras, apportera; apporterons, apporterez, apporteront	
Condit.	apporterais, apporterais, apporterait; apporterions, apporteriez, apporteraient	
Pres. Subj.	apporte, apportes, apporte; apportions, apportiez, apportent	
Imp. Subj.	apportasse, apportasses, apportât; apportassions, apportassiez, apportassent	
Past Indef.	ai apporté, as apporté, a apporté; avons apporté, avez apporté, ont apporté	
Pluperf.	avais apporté, avais apporté, avait apporté; avions apporté, aviez apporté, avaient apporté	
Past Ant.	eus apporté, eus apporté, eut apporté; eûmes apporté, eûtes apporté, eurent apporté	
Fut. Perf.	aurai apporté, auras apporté, aura apporté; aurons apporté, aurez apporté, auront apporté	
Cond. *Perf.*	aurais apporté, aurais apporté, aurait apporté; aurions apporté, auriez apporté, auraient apporté	
Past Subj.	aie apporté, aies apporté, ait apporté; ayons apporté, ayez apporté, aient apporté	
Plup. Subj.	eusse apporté, eusses apporté, eût apporté; eussions apporté, eussiez apporté, eussent apporté	
Imperative	apporte, apportons, apportez	

Pres. Ind.	apprends, apprends, apprend; apprenons, apprenez, apprennent	*to learn*
Imp. Ind.	apprenais, apprenais, apprenait; apprenions, appreniez, apprenaient	
Past Def.	appris, appris, apprit; apprîmes, apprîtes, apprirent	
Fut. Ind.	apprendrai, apprendras, apprendra; apprendrons, apprendrez, apprendront	
Condit.	apprendrais, apprendrais, apprendrait; apprendrions, apprendriez, apprendraient	
Pres. Subj.	apprenne, apprennes, apprenne; apprenions, appreniez, apprennent	
Imp. Subj.	apprisse, apprisses, apprît; apprissions, apprissiez, apprissent	
Past Indef.	ai appris, as appris, a appris; avons appris, avez appris, ont appris	
Pluperf.	avais appris, avais appris, avait appris; avions appris, aviez appris, avaient appris	
Past Ant.	eus appris, eus appris, eut appris; eûmes appris, eûtes appris, eurent appris	
Fut. Perf.	aurai appris, auras appris, aura appris; aurons appris, aurez appris, auront appris	
Cond. *Perf.*	aurais appris, aurais appris, aurait appris; aurions appris, auriez appris, auraient appris	
Past Subj.	aie appris, aies appris, ait appris; ayons appris, ayez appris, aient appris	
Plup. Subj.	eusse appris, eusses appris, eût appris; eussions appris, eussiez appris, eussent appris	
Imperative	apprends, apprenons, apprenez	

Pres. Ind.	m'arrête, t'arrête, s'arrête;
	nous arrêtons, vous arrêtez, s'arrêtent

to stop

Imp. Ind.	m'arrêtais, t'arrêtais, s'arrêtait;
	nous arrêtions, vous arrêtiez, s'arrêtaient
Past Def.	m'arrêtai, t'arrêtas, s'arrêta;
	nous arrêtâmes, vous arrêtâtes, s'arrêtèrent
Fut. Ind.	m'arrêterai, t'arrêteras, s'arrêtera;
	nous arrêterons, vous arrêterez, s'arrêteront
Condit.	m'arrêterais, t'arrêterais, s'arrêterait;
	nous arrêterions, vous arrêteriez, s'arrêteraient
Pres. Subj.	m'arrête, t'arrêtes, s'arrête;
	nous arrêtions, vous arrêtiez, s'arrêtent
Imp. Subj.	m'arrêtasse, t'arrêtasses, s'arrêtât;
	nous arrêtassions, vous arrêtassiez, s'arrêtassent
Past Indef.	me suis arrêté(e), t'es arrêté(e), s'est arrêté(e);
	nous sommes arrêté(e)s, vous êtes arrêté(e)(s), se sont arrêté(e)s
Pluperf.	m'étais arrêté(e), t'étais arrêté(e), s'était arrêté(e);
	nous étions arrêté(e)s, vous étiez arrêté(e)(s), s'étaient arrêté(e)s
Past Ant.	me fus arrêté(e), te fus arrêté(e), se fut arrêté(e);
	nous fûmes arrêté(e)s, vous fûtes arrêté(e)(s), se furent arrêté(e)s
Fut. Perf.	me serai arrêté(e), te seras arrêté(e), se sera arrêté(e);
	nous serons arrêté(e)s, vous serez arrêté(e)(s), se seront arrêté(e)s
Cond.	me serais arrêté(e), te serais arrêté(e), se serait arrêté(e);
Perf.	nous serions arrêté(e)s, vous seriez arrêté(e)(s), se seraient arrêté(e)s
Past Subj.	me sois arrêté(e), te sois arrêté(e), se soit arrêté(e);
	nous soyons arrêté(e)s, vous soyez arrêté(e)(s), se soient arrêté(e)s
Plup. Subj.	me fusse arrêté(e), te fusses arrêté(e), se fût arrêté(e);
	nous fussions arrêté(e)s, vous fussiez arrêté(e)(s), se fussent arrêté(e)s
Imperative	arrête-toi, arrêtons-nous, arrêtez-vous

Pres. Ind.	arrive, arrives, arrive; arrivons, arrivez, arrivent	*to arrive*
Imp. Ind.	arrivais, arrivais, arrivait; arrivions, arriviez, arrivaient	
Past Def.	arrivai, arrivas, arriva; arrivâmes, arrivâtes, arrivèrent	
Fut. Ind.	arriverai, arriveras, arrivera; arriverons, arriverez, arriveront	
Condit.	arriverais, arriverais, arriverait; arriverions, arriveriez, arriveraient	
Pres. Subj.	arrive, arrives, arrive; arrivions, arriviez, arrivent	
Imp. Subj.	arrivasse, arrivasses, arrivât; arrivassions, arrivassiez, arrivassent	
Past Indef.	suis arrivé(e), es arrivé(e), est arrivé(e); sommes arrivé(e)s, êtes arrivé(e)(s), sont arrivé(e)s	
Pluperf.	étais arrivé(e), étais arrivé(e), était arrivé(e); étions arrivé(e)s, étiez arrivé(e)(s), étaient arrivé(e)s	
Past Ant.	fus arrivé(e), fus arrivé(e), fut arrivé(e); fûmes arrivé(e)s, fûtes arrivé(e)(s), furent arrivé(e)s	
Fut. Perf.	serai arrivé(e), seras arrivé(e), sera arrivé(e); serons arrivé(e)s, serez arrivé(e)(s), seront arrivé(e)s	
Cond. *Perf.*	serais arrivé(e), serais arrivé(e), serait arrivé(e); serions arrivé(e)s, seriez arrivé(e)(s), seraient arrivé(e)s	
Past Subj.	sois arrivé(e), sois arrivé(e), soit arrivé(e); soyons arrivé(e)s, soyez arrivé(e)(s), soient arrivé(e)s	
Plup. Subj.	fusse arrivé(e), fusses arrivé(e), fût arrivé(e); fussions arrivé(e)s, fussiez arrivé(e)(s), fussent arrivé(e)s	
Imperative	arrive, arrivons, arrivez	

Pres. Ind.	assaille, assailles, assaille; assaillons, assaillez, assaillent
Imp. Ind.	assaillais, assaillais, assaillait; assaillions, assailliez, assaillaient
Past Def.	assaillis, assaillis, assaillit; assaillîmes, assaillîtes, assaillirent
Fut. Ind.	assaillirai, assailliras, assaillira; assaillirons, assaillirez, assailliront
Condit.	assaillirais, assaillirais, assaillirait; assaillirions, assailliriez, assailliraient
Pres. Subj.	assaille, assailles, assaille; assaillions, assailliez, assaillent
Imp. Subj.	assaillisse, assaillisses, assaillît; assaillissions, assaillissiez, assaillissent
Past Indef.	ai assailli, as assailli, a assailli; avons assailli, avez assailli, ont assailli
Pluperf.	avais assailli, avais assailli, avait assailli; avions assailli, aviez assailli, avaient assailli
Past Ant.	eus assailli, eus assailli, eut assailli; eûmes assailli, eûtes assailli, eurent assailli
Fut. Perf.	aurai assailli, auras assailli, aura assailli; aurons assailli, aurez assailli, auront assailli
Cond. Perf.	aurais assailli, aurais assailli, aurait assailli; aurions assailli, auriez assailli, auraient assailli
Past Subj.	aie assailli, aies assailli, ait assailli; ayons assailli, ayez assailli, aient assailli
Plup. Subj.	eusse assailli, eusses assailli, eût assailli; eussions assailli, eussiez assailli, eussent assailli
Imperative	assaille, assaillons, assaillez

to assail, assault

Pres. Ind.	m'assieds, t'assieds, s'assied; nous asseyons, vous asseyez, s'asseyent	*to sit down*
Imp. Ind.	m'asseyais, t'asseyais, s'asseyait; nous asseyions, vous asseyiez, s'asseyaient	
Past Def.	m'assis, t'assis, s'assit; nous assîmes, vous assîtes, s'assirent	
Fut. Ind.	m'assiérai, t'assiéras, s'assiéra; nous assiérons, vous assiérez, s'assiéront	
Condit.	m'assiérais, t'assiérais, s'assiérait; nous assiérions, vous assiériez, s'assiéraient	
Pres. Subj.	m'asseye, t'asseyes, s'asseye; nous asseyions, vous asseyiez, s'asseyent	
Imp. Subj.	m'assisse, t'assisses, s'assît; nous assissions, vous assissiez, s'assissent	
Past Indef.	me suis assis(e), t'es assis(e), s'est assis(e); nous sommes assis(es), vous êtes assis(e)(es), se sont assis(es)	
Pluperf.	m'étais assis(e), t'étais assis(e), s'était assis(e); nous étions assis(es), vous étiez assis(e)(es), s'étaient assis(es)	
Past Ant.	me fus assis(e), te fus assis(e), se fut assis(e); nous fûmes assis(es), vous fûtes assis(e)(es), se furent assis(es)	
Fut. Perf.	me serai assis(e), te seras assis(e), se sera assis(e); nous serons assis(es), vous serez assis(e)(es), se seront assis(es)	
Cond. *Perf.*	me serais assis(e), te serais assis(e), se serait assis(e); nous serions assis(es), vous seriez assis(e)(es), se seraient assis(es)	
Past Subj.	me sois assis(e), te sois assis(e), se soit assis(e); nous soyons assis(es), vous soyez assis(e)(es), se soient assis(es)	
Plup. Subj.	me fusse assis(e), te fusses assis(e), se fût assis(e); nous fussions assis(es), vous fussiez assis(e)(es), se fussent assis(es)	
Imperative	assieds-toi, asseyons-nous, asseyez-vous	

Pres. Ind.	atteins, atteins, atteint; atteignons, atteignez, atteignent	*to attain*
Imp. Ind.	atteignais, atteignais, atteignait; atteignions, atteigniez, atteignaient	
Past Def.	atteignis, atteignis, atteignit; atteignîmes, atteignîtes, atteignirent	
Fut. Ind.	atteindrai, atteindras, atteindra; atteindrons, atteindrez, atteindront	
Condit.	atteindrais, atteindrais, atteindrait; atteindrions, atteindriez, atteindraient	
Pres. Subj.	atteigne, atteignes, atteigne; atteignions, atteigniez, atteignent	
Imp. Subj.	atteignisse, atteignisses, atteignît; atteignissions, atteignissiez, atteignissent	
Past Indef.	ai atteint, as atteint, a atteint; avons atteint, avez atteint, ont atteint	
Pluperf.	avais atteint, avais atteint, avait atteint; avions atteint, aviez atteint, avaient atteint	
Past Ant.	eus atteint, eus atteint, eut atteint; eûmes atteint, eûtes atteint, eurent atteint	
Fut. Perf.	aurai atteint, auras atteint, aura atteint; aurons atteint, aurez atteint, auront atteint	
Cond. *Perf.*	aurais atteint, aurais atteint, aurait atteint; aurions atteint, auriez atteint, auraient atteint	
Past Subj.	aie atteint, aies atteint, ait atteint; ayons atteint, ayez atteint, aient atteint	
Plup. Subj.	eusse atteint, eusses atteint, eût atteint; eussions atteint, eussiez atteint, eussent atteint	
Imperative	atteins, atteignons, atteignez	

Pres. Ind.	attends, attends, attend; attendons, attendez, attendent	*to wait,*
Imp. Ind.	attendais, attendais, attendait; attendions, attendiez, attendaient	*to wait for*
Past Def.	attendis, attendis, attendit; attendîmes, attendîtes, attendirent	
Fut. Ind.	attendrai, attendras, attendra; attendrons, attendrez, attendront	
Condit.	attendrais, attendrais, attendrait; attendrions, attendriez, attendraient	
Pres. Subj.	attende, attendes, attende; attendions, attendiez, attendent	
Imp. Subj.	attendisse, attendisses, attendît; attendissions, attendissiez, attendissent	
Past Indef.	ai attendu, as attendu, a attendu; avons attendu, avez attendu, ont attendu	
Pluperf.	avais attendu, avais attendu, avait attendu; avions attendu, aviez attendu, avaient attendu	
Past Ant.	eus attendu, eus attendu, eut attendu; eûmes attendu, eûtes attendu, eurent attendu	
Fut. Perf.	aurai attendu, auras attendu, aura attendu; aurons attendu, aurez attendu, auront attendu	
Cond. *Perf.*	aurais attendu, aurais attendu, aurait attendu; aurions attendu, auriez attendu, auraient attendu	
Past Subj.	aie attendu, aies attendu, ait attendu; ayons attendu, ayez attendu, aient attendu	
Plup. Subj.	eusse attendu, eusses attendu, eût attendu; eussions attendu, eussiez attendu, eussent attendu	
Imperative	attends, attendons, attendez	

Pres. Ind.	ai, as, a; avons, avez, ont	*to have*
Imp. Ind.	avais, avais, avait; avions, aviez, avaient	
Past Def.	eus, eus, eut; eûmes, eûtes, eurent	
Fut. Ind.	aurai, auras, aura; aurons, aurez, auront	
Condit.	aurais, aurais, aurait; aurions, auriez, auraient	
Pres. Subj.	aie, aies, ait; ayons, ayez, aient	
Imp. Subj.	eusse, eusses, eût; eussions, eussiez, eussent	
Past Indef.	ai eu, as eu, a eu; avons eu, avez eu, ont eu	
Pluperf.	avais eu, avais eu, avait eu; avions eu, aviez eu, avaient eu	
Past Ant.	eus eu, eus eu, eut eu; eûmes eu, eûtes eu, eurent eu	
Fut. Perf.	aurai eu, auras eu, aura eu; aurons eu, aurez eu, auront eu	
Cond. *Perf.*	aurais eu, aurais eu, aurait eu; aurions eu, auriez eu, auraient eu	
Past Subj.	aie eu, aies eu, ait eu; ayons eu, ayez eu, aient eu	
Plup. Subj.	eusse eu, eusses eu, eût eu; eussions eu, eussiez eu, eussent eu	
Imperative	aie, ayons, ayez	

Pres. Ind.	bâtis, bâtis, bâtit; bâtissons, bâtissez, bâtissent	*to build*
Imp. Ind.	bâtissais, bâtissais, bâtissait; bâtissions, bâtissiez, bâtissaient	
Past Def.	bâtis, bâtis, bâtit; bâtîmes, bâtîtes, bâtirent	
Fut. Ind.	bâtirai, bâtiras, bâtira; bâtirons, bâtirez, bâtiront	
Condit.	bâtirais, bâtirais, bâtirait; bâtirions, bâtiriez, bâtiraient	
Pres. Subj.	bâtisse, bâtisses, bâtisse; bâtissions, bâtissiez, bâtissent	
Imp. Subj.	bâtisse, bâtisse, bâtît; bâtissions, bâtissiez, bâtissent	
Past Indef.	ai bâti, as bâti, a bâti; avons bâti, avez bâti, ont bâti	
Pluperf.	avais bâti, avais bâti, avait bâti; avions bâti, aviez bâti, avaient bâti	
Past Ant.	eus bâti, eus bâti, eut bâti; eûmes bâti, eûtes bâti, eurent bâti	
Fut. Perf.	aurai bâti, auras bâti, aura bâti; aurons bâti, aurez bâti, auront bâti	
Cond. *Perf.*	aurais bâti, aurais bâti, aurait bâti; aurions bâti, auriez bâti, auraient bâti	
Past Subj.	aie bâti, aies bâti, ait bâti; ayons bâti, ayez bâti, aient bâti	
Plup. Subj.	eusse bâti, eusses bâti, eût bâti; eussions bâti, eussiez bâti, eussent bâti	
Imperative	bâtis, bâtissons, bâtissez	

Pres. Ind.	bats, bats, bat; battons, battez, battent	*to beat, hit,*
Imp. Ind.	battais, battais, battait; battions, battiez, battaient	*strike*
Past Def.	battis, battis, battit; battîmes, battîtes, battirent	
Fut. Ind.	battrai, battras, battra; battrons, battrez, battront	
Condit.	battrais, battrais, battrait; battrions, battriez, battraient	
Pres. Subj.	batte, battes, batte; battions, battiez, battent	
Imp. Subj.	battisse, battisses, battît; battissions, battissiez, battissent	
Past Indef.	ai battu, as battu, a battu; avons battu, avez battu, ont battu	
Pluperf.	avais battu, avais battu, avait battu; avions battu, aviez battu, avaient battu	
Past Ant.	eus battu, eus battu, eut battu; eûmes battu, eûtes battu, eurent battu	
Fut. Perf.	aurai battu, auras battu, aura battu; aurons battu, aurez battu, auront battu	
Cond. *Perf.*	aurais battu, aurais battu, aurait battu; aurions battu, auriez battu, auraient battu	
Past Subj.	aie battu, aies battu, ait battu; ayons battu, ayez battu, aient battu	
Plup. Subj.	eusse battu, eusses battu, eût battu; eussions battu, eussiez battu, eussent battu	
Imperative	bats, battons, battez	

Pres. Ind.	me bats, te bats, se bat;
	nous battons, vous battez, se battent

to fight

Imp. Ind.   me battais, te battais, se battait;
            nous battions, vous battiez, se battaient

Past Def.   me battis, te battis, se battit;
            nous battîmes, vous battîtes, se battirent

Fut. Ind.   me battrai, te battras, se battra;
            nous battrons, vous battrez, se battront

Condit.   me battrais, te battrais, se battrait;
            nous battrions, vous battriez, se battraient

Pres. Subj.   me batte, te battes, se batte;
            nous battions, vous battiez, se battent

Imp. Subj.   me battisse, te battisses, se battît;
            nous battissions, vous battissiez, se battissent

Past Indef.   me suis battu(e), t'es battu(e), s'est battu(e);
            nous sommes battu(e)s, vous êtes battu(e)(s), se sont battu(e)s

Pluperf.   m'étais battu(e), t'étais battu(e), s'était battu(e);
            nous étions battu(e)s, vous étiez battu(e)(s), s'étaient battu(e)s

Past Ant.   me fus battu(e), te fus battu(e), se fut battu(e);
            nous fûmes battu(e)s, vous fûtes battu(e)(s), se furent battu(e)s

Fut. Perf.   me serai battu(e), te seras battu(e), se sera battu(e);
            nous serons battu(e)s, vous serez battu(e)(s), se seront battu(e)s

Cond.   me serais battu(e), te serais battu(e), se serait battu(e);
Perf.   nous serions battu(e)s, vous seriez battu(e)(s), se seraient battu(e)s

Past Subj.   me sois battu(e), te sois battu(e), se soit battu(e);
            nous soyons battu(e)s, vous soyez battu(e)(s), se soient battu(e)s

Plup. Subj.   me fusse battu(e), te fusses battu(e), se fût battu(e);
            nous fussions battu(e)s, vous fussiez battu(e)(s), se fussent battu(e)s

Imperative   bats-toi, battons-nous, battez-vous

31

Pres. Ind.	me blesse, te blesses, se blesse; nous blessons, vous blessez, se blessent	
Imp. Ind.	me blessais, te blessais, se blessait; nous blessions, vous blessiez, se blessaient	*to hurt oneself,*
Past Def.	me blessai, te blessas, se blessa; nous blessâmes, vous blessâtes, se blessèrent	*injure oneself,*
Fut. Ind.	me blesserai, te blesseras, se blessera; nous blesserons, vous blesserez, se blesseront	*wound oneself*
Condit.	me blesserais, te blesserais, se blesserait; nous blesserions, vous blesseriez, se blesseraient	
Pres. Subj.	me blesse, te blesses, se blesse; nous blessions, vous blessiez, se blessent	
Imp. Subj.	me blessasse, te blessasses, se blessât; nous blessassions, vous blessassiez, se blessassent	
Past Indef.	me suis blessé(e), t'es blessé(e), s'est blessé(e); nous sommes blessé(e)s, vous êtes blessé(e)(s), se sont blessé(e)s	
Pluperf.	m'étais blessé(e), t'étais blessé(e), s'était blessé(e); nous étions blessé(e)s, vous étiez blessé(e)(s), s'étaient blessé(e)s	
Past Ant.	me fus blessé(e), te fus blessé(e), se fut blessé(e); nous fûmes blessé(e)s, vous fûtes blessé(e)(s), se furent blessé(e)s	
Fut. Perf.	me serai blessé(e), te seras blessé(e), se sera blessé(e); nous serons blessé(e)s, vous serez blessé(e)(s), se seront blessé(e)s	
Cond. *Perf.*	me serais blessé(e), te serais blessé(e), se serait blessé(e); nous serions blessé(e)s, vous seriez blessé(e)(s), se seraient blessé(e)s	
Past Subj.	me sois blessé(e), te sois blessé(e), se soit blessé(e); nous soyons blessé(e)s, vous soyez blessé(e)(s), se soient blessé(e)s	
Plup. Subj.	me fusse blessé(e), te fusses blessé(e), se fût blessé(e); nous fussions blessé(e)s, vous fussiez blessé(e)(s), se fussent blessé(e)s	
Imperative	[not used]	

32

Pres. Ind.	bois, bois, boit; buvons, buvez, boivent
Imp. Ind.	buvais, buvais, buvait; buvions, buviez, buvaient
Past Def.	bus, bus, but; bûmes, bûtes, burent
Fut. Ind.	boirai, boiras, boira; boirons, boirez, boiront
Condit.	boirais, boirais, boirait; boirions, boiriez, boiraient
Pres. Subj.	boive, boives, boive; buvions, buviez, boivent
Imp. Subj.	busse, busses, bût; bussions, bussiez, bussent
Past Indef.	ai bu, as bu, a bu; avons bu, avez bu, ont bu
Pluperf.	avais bu, avais bu, avait bu; avions bu, aviez bu, avaient bu
Past Ant.	eus bu, eus bu, eut bu; eûmes bu, eûtes bu, eurent bu
Fut. Perf.	aurai bu, auras bu, aura bu; aurons bu, aurez bu, auront bu
Cond. Perf.	aurais bu, aurais bu, aurait bu; aurions bu, auriez bu, auraient bu
Past Subj.	aie bu, aies bu, ait bu; ayons bu, ayez bu, aient bu
Plup. Subj.	eusse bu, eusses bu, eût bu; eussions bu, eussiez bu, eussent bu
Imperative	bois, buvons, buvez

to drink

Pres. Ind.	bouge, bouges, bouge; bougeons, bougez, bougent	*to budge,*
Imp. Ind.	bougeais, bougeais, bougeait; bougions, bougiez, bougeaient	*move*
Past Def.	bougeai, bougeas, bougea; bougeâmes, bougeâtes, bougèrent	
Fut. Ind.	bougerai, bougeras, bougera; bougerons, bougerez, bougeront	
Condit.	bougerais, bougerais, bougerait; bougerions, bougeriez, bougeraient	
Pres. Subj.	bouge, bouges, bouge; bougions, bougiez, bougent	
Imp. Subj.	bougeasse, bougeasses, bougeât; bougeassions, bougeassiez, bougeassent	
Past Indef.	ai bougé, as bougé, a bougé; avons bougé, avez bougé, ont bougé	
Pluperf.	avais bougé, avais bougé, avait bougé; avions bougé, aviez bougé, avaient bougé	
Past Ant.	eus bougé, eus bougé, eut bougé; eûmes bougé, eûtes bougé, eurent bougé	
Fut. Perf.	aurai bougé, auras bougé, aura bougé; aurons bougé, aurez bougé, auront bougé	
Cond. *Perf.*	aurais bougé, aurais bougé, aurait bougé; aurions bougé, auriez bougé, auraient bougé	
Past Subj.	aie bougé, aies bougé, ait bougé; ayons bougé, ayez bougé, aient bougé	
Plup. Subj.	eusse bougé, eusses bougé, eût bougé; eussions bougé, eussiez bougé, eussent bougé	
Imperative	bouge, bougeons, bougez	

Pres. Ind.	bous, bous, bout; bouillons, bouillez, bouillent	*to boil*
Imp. Ind.	bouillais, bouillais, bouillait; bouillions, bouilliez, bouillaient	
Past Def.	bouillis, bouillis, bouillit; bouillîmes, bouillîtes, bouillirent	
Fut. Ind.	bouillirai, bouilliras, bouillira; bouillirons, bouillirez, bouilliront	
Condit.	bouillirais, bouillirais, bouillirait; bouillirions, bouilliriez, bouilliraient	
Pres. Subj.	bouille, bouilles, bouille; bouillions, bouilliez, bouillent	
Imp. Subj.	bouillisse, bouillisses, bouillît; bouillissions, bouillissiez, bouillissent	
Past Indef.	ai bouilli, as bouilli, a bouilli; avons bouilli, avez bouilli, ont bouilli	
Pluperf.	avais bouilli, avais bouilli, avait bouilli; avions bouilli, aviez bouilli, avaient bouilli	
Past Ant.	eus bouilli, eus bouilli, eut bouilli; eûmes bouilli, eûtes bouilli, eurent bouilli	
Fut. Perf.	aurai bouilli, auras bouilli, aura bouilli; aurons bouilli, aurez bouilli, auront bouilli	
Cond. *Perf.*	aurais bouilli, aurais bouilli, aurait bouilli; aurions bouilli, auriez bouilli, auraient bouilli	
Past Subj.	aie bouilli, aies bouilli, ait bouilli; ayons bouilli, ayez bouilli, aient bouilli	
Plup. Subj.	eusse bouilli, eusses bouilli, eût bouilli; eussions bouilli, eussiez bouilli, eussent bouilli	
Imperative	bous, bouillons, bouillez	

Pres. Ind.	me brosse, te brosses, se brosse;
	nous brossons, vous brossez, se brossent

to brush oneself

Imp. Ind.	me brossais, te brossais, se brossait;
	nous brossions, vous brossiez, se brossaient
Past Def.	me brossai, te brossas, se brossa;
	nous brossâmes, vous brossâtes, se brossèrent
Fut. Ind.	me brosserai, te brosseras, se brossera;
	nous brosserons, vous brosserez, se brosseront
Condit.	me brosserais, te brosserais, se brosserait;
	nous brosserions, vous brosseriez, se brosseraient
Pres. Subj.	me brosse, te brosses, se brosse;
	nous brossions, vous brossiez, se brossent
Imp. Subj.	me brossasse, te brossasses, se brossât;
	nous brossassions, vous brossassiez, se brossassent
Past Indef.	me suis brossé(e), t'es brossé(e), s'est brossé(e);
	nous sommes brossé(e)s, vous êtes brossé(e)(s), se sont brossé(e)s
Pluperf.	m'étais brossé(e), t'étais brossé(e), s'était brossé(e);
	nous étions brossé(e)s, vous étiez brossé(e)(s), s'étaient brossé(e)s
Past Ant.	me fus brossé(e), te fus brossé(e), se fut brossé(e);
	nous fûmes brossé(e)s, vous fûtes brossé(e)(s), se furent brossé(e)s
Fut. Perf.	me serai brossé(e), te seras brossé(e), se sera brossé(e);
	nous serons brossé(e)s, vous serez brossé(e)(s), se seront brossé(e)s
Cond.	me serais brossé(e), te serais brossé(e), se serait brossé(e);
Perf.	nous serions brossé(e)s, vous seriez brossé(e)(s), se seraient brossé(e)s
Past Subj.	me sois brossé(e), te sois brossé(e), se soit brossé(e);
	nous soyons brossé(e)s, vous soyez brossé(e)(s), se soient brossé(e)s
Plup. Subj.	me fusse brossé(e), te fusses brossé(e), se fût brossé(e);
	nous fussions brossé(e)s, vous fussiez brossé(e)(s), se fussent brossé(e)s
Imperative	brosse-toi, brossons-nous, brossez-vous

Pres. Ind.	brûle, brûles, brûle; brûlons, brûlez, brûlent	*to burn*
Imp. Ind.	brûlais, brûlais, brûlait; brûlions, brûliez, brûlaient	
Past Def.	brûlai, brûlas, brûla; brûlâmes, brûlâtes, brûlèrent	
Fut. Ind.	brûlerai, brûleras, brûlera; brûlerons, brûlerez, brûleront	
Condit.	brûlerais, brûlerais, brûlerait; brûlerions, brûleriez, brûleraient	
Pres. Subj.	brûle, brûles, brûle; brûlions, brûliez, brûlent	
Imp. Subj.	brûlasse, brûlasses, brûlât; brûlassions, brûlassiez, brûlassent	
Past Indef.	ai brûlé, as brûlé, a brûlé; avons brûlé, avez brûlé, ont brûlé	
Pluperf.	avais brûlé, avais brûlé, avait brûlé; avions brûlé, aviez brûlé, avaient brûlé	
Past Ant.	eus brûlé, eus brûlé, eut brûlé; eûmes brûlé, eûtes brûlé, eurent brûlé	
Fut. Perf.	aurai brûlé, auras brûlé, aura brûlé; aurons brûlé, aurez brûlé, auront brûlé	
Cond. *Perf.*	aurais brûlé, aurais brûlé, aurait brûlé; aurions brûlé, auriez brûlé, auraient brûlé	
Past Subj.	aie brûlé, aies brûlé, ait brûlé; ayons brûlé, ayez brûlé, aient brûlé	
Plup. Subj.	eusse brûlé, eusses brûlé, eût brûlé; eussions brûlé, eussiez brûlé, eussent brûlé	
Imperative	brûle, brûlons, brûlez	

37

Pres. Ind.	cache, caches, cache; cachons, cachez, cachent
Imp. Ind.	cachais, cachais, cachait; cachions, cachiez, cachaient
Past Def.	cachai, cachas, cacha; cachâmes, cachâtes, cachèrent
Fut. Ind.	cacherai, cacheras, cachera; cacherons, cacherez, cacheront
Condit.	cacherais, cacherais, cacherait; cacherions, cacheriez, cacheraient
Pres. Subj.	cache, caches, cache; cachions, cachiez, cachent
Imp. Subj.	cachasse, cachasses, cachât; cachassions, cachassiez, cachassent
Past Indef.	ai caché, as caché, a caché; avons caché, avez caché, ont caché
Pluperf.	avais caché, avais caché, avait caché; avions caché, aviez caché, avaient caché
Past Ant.	eus caché, eus caché, eut caché; eûmes caché, eûtes caché, eurent caché
Fut. Perf.	aurai caché, auras caché, aura caché; aurons caché, aurez caché, auront caché
Cond. Perf.	aurais caché, aurais caché, aurait caché; aurions caché, auriez caché, auraient caché
Past Subj.	aie caché, aies caché, ait caché; ayons caché, ayez caché, aient caché
Plup. Subj.	eusse caché, eusses caché, eût caché; eussions caché, eussiez caché, eussent caché
Imperative	cache, cachons, cachez

to hide

Pres. Ind.	casse, casses, casse; cassons, cassez, cassent	*to break*
Imp. Ind.	cassais, cassais, cassait; cassions, cassiez, cassaient	
Past Def.	cassai, cassas, cassa; cassâmes, cassâtes, cassèrent	
Fut. Ind.	casserai, casseras, cassera; casserons, casserez, casseront	
Condit.	casserais, casserais, casserait; casserions, casseriez, casseraient	
Pres. Subj.	casse, casses, casse; cassions, cassiez, cassent	
Imp. Subj.	cassasse, cassasses, cassât; cassassions, cassassiez, cassassent	
Past Indef.	ai cassé, as cassé, a cassé; avons cassé, avez cassé, ont cassé	
Pluperf.	avais cassé, avais cassé, avait cassé; avions cassé, aviez cassé, avaient cassé	
Past Ant.	eus cassé, eus cassé, eut cassé; eûmes cassé, eûtes cassé, eurent cassé	
Fut. Perf.	aurai cassé, auras cassé, aura cassé; aurons cassé, aurez cassé, auront cassé	
Cond. Perf.	aurais cassé, aurais cassé, aurait cassé; aurions cassé, auriez cassé, auraient cassé	
Past Subj.	aie cassé, aies cassé, ait cassé; ayons cassé, ayez cassé, aient cassé	
Plup. Subj.	eusse cassé, eusses cassé, eût cassé; eussions cassé, eussiez cassé, eussent cassé	
Imperative	casse, cassons, cassez	

Pres. Ind.	cause, causes, cause; causons, causez, causent
Imp. Ind.	causais, causais, causait; causions, causiez, causaient
Past Def.	causai, causas, causa; causâmes, causâtes, causèrent
Fut. Ind.	causerai, causeras, causera; causerons, causerez, causeront
Condit.	causerais, causerais, causerait; causerions, causeriez, causeraient
Pres. Subj.	cause, causes, cause; causions, causiez, causent
Imp. Subj.	causasse, causasses, causât; causassions, causassiez, causassent
Past Indef.	ai causé, as causé, a causé; avons causé, avez causé, ont causé
Pluperf.	avais causé, avais causé, avait causé; avions causé, aviez causé, avaient causé
Past Ant.	eus causé, eus causé, eut causé; eûmes causé, eûtes causé, eurent causé
Fut. Perf.	aurai causé, auras causé, aura causé; aurons causé, aurez causé, auront causé
Cond. Perf.	aurais causé, aurais causé, aurait causé; aurions causé, auriez causé, auraient causé
Past Subj.	aie causé, aies causé, ait causé; ayons causé, ayez causé, aient causé
Plup. Subj.	eusse causé, eusses causé, eût causé; eussions causé, eussiez causé, eussent causé
Imperative	cause, causons, causez

to cause,
chat

Pres. Ind.	cède, cèdes, cède; cédons, cédez, cèdent
Imp. Ind.	cédais, cédais, cédait; cédions, cédiez, cédaient
Past Def.	cédai, cédas, céda; cédâmes, cédâtes, cédèrent
Fut. Ind.	céderai, céderas, cédera; céderons, céderez, céderont
Condit.	céderais, céderais, céderait; céderions, céderiez, céderaient
Pres. Subj.	cède, cèdes, cède; cédions, cédiez, cèdent
Imp. Subj.	cédasse, cédasses, cédât; cédassions, cédassiez, cédassent
Past Indef.	ai cédé, as cédé, a cédé; avons cédé, avez cédé, ont cédé
Pluperf.	avais cédé, avais cédé, avait cédé; avions cédé, aviez cédé, avaient cédé
Past Ant.	eus cédé, eus cédé, eut cédé; eûmes cédé, eûtes cédé, eurent cédé
Fut. Perf.	aurai cédé, auras cédé, aura cédé; aurons çédé, aurez cédé, auront cédé
Cond. *Perf.*	aurais cédé, aurais cédé, aurait cédé; aurions cédé, auriez cédé, auraient cédé
Past Subj.	aie cédé, aies cédé, ait cédé; ayons cédé, ayez cédé, aient cédé
Plup. Subj.	eusse cédé, eusses cédé, eût cédé; eussions cédé, eussiez cédé, eussent cédé
Imperative	cède, cédons, cédez

to yield

41

Pres. Ind.	change, changes, change; changeons, changez, changent	*to change*
Imp. Ind.	changeais, changeais, changeait; changions, changiez, changeaient	
Past Def.	changeai, changeas, changea; changeâmes, changeâtes, changèrent	
Fut. Ind.	changerai, changeras, changera; changerons, changerez, changeront	
Condit.	changerais, changerais, changerait; changerions, changeriez, changeraient	
Pres. Subj.	change, changes, change; changions, changiez, changent	
Imp. Subj.	changeasse, changeasses, changeât; changeassions, changeassiez, changeassent	
Past Indef.	ai changé, as changé, a changé; avons changé, avez changé, ont changé	
Pluperf.	avais changé, avais changé, avait changé; avions changé, aviez changé, avaient changé	
Past Ant.	eus changé, eus changé, eut changé; eûmes changé, eûtes changé, eurent changé	
Fut. Perf.	aurai changé, auras changé, aura changé; aurons changé, aurez changé, auront changé	
Cond. *Perf.*	aurais changé, aurais changé, aurait changé; aurions changé, auriez changé, auraient changé	
Past Subj.	aie changé, aies changé, ait changé; ayons changé, ayez changé, aient changé	
Plup. Subj.	eusse changé, eusses changé, eût changé; eussions changé, eussiez changé, eussent changé	
Imperative	change, changeons, changez	

42

Pres. Ind.	chante, chantes, chante; chantons, chantez, chantent
Imp. Ind.	chantais, chantais, chantait; chantions, chantiez, chantaient
Past Def.	chantai, chantas, chanta; chantâmes, chantâtes, chantèrent
Fut. Ind.	chanterai, chanteras, chantera; chanterons, chanterez, chanteront
Condit.	chanterais, chanterais, chanterait; chanterions, chanteriez, chanteraient
Pres. Subj.	chante, chantes, chante; chantions, chantiez, chantent
Imp. Subj.	chantasse, chantasses, chantât; chantassions, chantassiez, chantassent
Past Indef.	ai chanté, as chanté, a chanté; avons chanté, avez chanté, ont chanté
Pluperf.	avais chanté, avais chanté, avait chanté; avions chanté, aviez chanté, avaient chanté
Past Ant.	eus chanté, eus chanté, eut chanté; eûmes chanté, eûtes chanté, eurent chanté
Fut. Perf.	aurai chanté, auras chanté, aura chanté; aurons chanté, aurez chanté, auront chanté
Cond. *Perf.*	aurais chanté, aurais chanté, aurait chanté; aurions chanté, auriez chanté, auraient chanté
Past Subj.	aie chanté, aies chanté, ait chanté; ayons chanté, ayez chanté, aient chanté
Plup. Subj.	eusse chanté, eusses chanté, eût chanté; eussions chanté, eussiez chanté, eussent chanté
Imperative	chante, chantons, chantez

to sing

43

Pres. Ind.	cherche, cherches, cherche; cherchons, cherchez, cherchent
Imp. Ind.	cherchais, cherchais, cherchait; cherchions, cherchiez, cherchaient
Past Def.	cherchai, cherchas, chercha; cherchâmes, cherchâtes, cherchèrent
Fut. Ind.	chercherai, chercheras, cherchera; chercherons, chercherez, chercheront
Condit.	chercherais, chercherais, chercherait; chercherions, chercheriez, chercheraient
Pres. Subj.	cherche, cherches, cherche; cherchions, cherchiez, cherchent
Imp. Subj.	cherchasse, cherchasses, cherchât; cherchassions, cherchassiez, cherchassent
Past Indef.	ai cherché, as cherché, a cherché; avons cherché, avez cherché, ont cherché
Pluperf.	avais cherché, avais cherché, avait cherché; avions cherché, aviez cherché, avaient cherché
Past Ant.	eus cherché, eus cherché, eut cherché; eûmes cherché, eûtes cherché, eurent cherché
Fut. Perf.	aurai cherché, auras cherché, aura cherché; aurons cherché, aurez cherché, auront cherché
Cond. Perf.	aurais cherché, aurais cherché, aurait cherché; aurions cherché, auriez cherché, auraient cherché
Past Subj.	aie cherché, aies cherché, ait cherché; ayons cherché, ayez cherché, aient cherché
Plup. Subj.	eusse cherché, eusses cherché, eût cherché; eussions cherché, eussiez cherché, eussent cherché
Imperative	cherche, cherchons, cherchez

to look for, to search

44

Pres. Ind.	chéris, chéris, chérit; chérissons, chérissez, chérissent	*to cherish*
Imp. Ind.	chérissais, chérissais, chérissait; chérissions, chérissiez, chérissaient	
Past Def.	chéris, chéris, chérit; chérîmes, chérîtes, chérirent	
Fut. Ind.	chérirai, chériras, chérira; chérirons, chérirez, chériront	
Condit.	chérirais, chérirais, chérirait; chéririons, chéririez, chériraient	
Pres. Subj.	chérisse, chérisses, chérisse; chérissions, chérissiez, chérissent	
Imp. Subj.	chérisse, chérisses, chérît; chérissions, chérissiez, chérissent	
Past Indef.	ai chéri, as chéri, a chéri; avons chéri, avez chéri, ont chéri	
Pluperf.	avais chéri, avais chéri, avait chéri; avions chéri, aviez chéri, avaient chéri	
Past Ant.	eus chéri, eus chéri, eut chéri; eûmes chéri, eûtes chéri, eurent chéri	
Fut. Perf.	aurai chéri, auras chéri, aura chéri; aurons chéri, aurez chéri, auront chéri	
Cond. Perf.	aurais chéri, aurais chéri, aurait chéri; aurions chéri, auriez chéri, auraient chéri	
Past Subj.	aie chéri, aies chéri, ait chéri; ayons chéri, ayez chéri, aient chéri	
Plup. Subj.	eusse chéri, eusses chéri, eût chéri; eussions chéri, eussiez chéri, eussent chéri	
Imperative	chéris, chérissons, chérissez	

Pres. Ind.	choisis, choisis, choisit; choisissons, choisissez, choisissent	*to choose,*
Imp. Ind.	choisissais, choisissais, choisissait; choisissions, choisissiez, choisissaient	*select*
Past Def.	choisis, choisis, choisit; choisîmes, choisîtes, choisirent	
Fut. Ind.	choisirai, choisiras, choisira; choisirons, choisirez, choisiront	
Condit.	choisirais, choisirais, choisirait; choisirions, choisiriez, choisiraient	
Pres. Subj.	choisisse, choisisses, choisisse; choisissions, choisissiez, choisissent	
Imp. Subj.	choisisse, choisisses, choisît; choisissions, choisissiez, choisissent	
Past Indef.	ai choisi, as choisi, a choisi; avons choisi, avez choisi, ont choisi	
Pluperf.	avais choisi, avais choisi, avait choisi; avions choisi, aviez choisi, avaient choisi	
Past Ant.	eus choisi, eus choisi, eut choisi; eûmes choisi, eûtes choisi, eurent choisi	
Fut. Perf.	aurai choisi, auras choisi, aura choisi; aurons choisi, aurez choisi, auront choisi	
Cond. Perf.	aurais choisi, aurais choisi, aurait choisi; aurions choisi, auriez choisi, auraient choisi	
Past Subj.	aie choisi, aies choisi, ait choisi; ayons choisi, ayez choisi, aient choisi	
Plup. Subj.	eusse choisi, eusses choisi, eût choisi; eussions choisi, eussiez choisi, eussent choisi	
Imperative	choisis, choisissons, choisissez	

46

Pres. Ind.	commande, commandes, commande; commandons, commandez, commandent	*to command,*
Imp. Ind.	commandais, commandais, commandait; commandions, commandiez, commandaient	*order*
Past Def.	commandai, commandas, commanda; commandâmes, commandâtes, commandèrent	
Fut. Ind.	commanderai, commanderas, commandera; commanderons, commanderez, commanderont	
Condit.	commanderais, commanderais, commanderait; commanderions, commanderiez, commanderaient	
Pres. Subj.	commande, commandes, commande; commandions, commandiez, commandent	
Imp. Subj.	commandasse, commandasses, commandât; commandassions, commandassiez, commandassent	
Past Indef.	ai commandé, as commandé, a commandé; avons commandé, avez commandé, ont commandé	
Pluperf.	avais commandé, avais commandé, avait commandé; avions commandé, aviez commandé, avaient commandé	
Past Ant.	eus commandé, eus commandé, eut commandé; eûmes commandé, eûtes commandé, eurent commandé	
Fut. Perf.	aurai commandé, auras commandé, aura commandé; aurons commandé, aurez commandé, auront commandé	
Cond. Perf.	aurais commandé, aurais commandé, aurait commandé; aurions commandé, auriez commandé, auraient commandé	
Past Subj.	aie commandé, aies commandé, ait commandé; ayons commandé, ayez commandé, aient commandé	
Plup. Subj.	eusse commandé, eusses commandé, eût commandé; eussions commandé, eussiez commandé, eussent commandé	
Imperative	commande, commandons, commandez	

Pres. Ind.	commence, commences, commence; commençons, commencez, commencent	*to begin,*
Imp. Ind.	commençais, commençais, commençait; commencions, commenciez, commençaient	*start,*
Past Def.	commençai, commenças, commença; commençâmes, commençâtes, commencèrent	*commence*
Fut. Ind.	commencerai, commenceras, commencera; commencerons, commencerez, commenceront	
Condit.	commencerais, commencerais, commencerait; commencerions, commenceriez, commenceraient	
Pres. Subj.	commence, commences, commence; commencions, commenciez, commencent	
Imp. Subj.	commençasse, commençasses, commençât; commençassions, commençassiez, commençassent	
Past Indef.	ai commencé, as commencé, a commencé; avons commencé, avez commencé, ont commencé	
Pluperf.	avais commencé, avais commencé, avait commencé; avions commencé, aviez commencé, avaient commencé	
Past Ant.	eus commencé, eus commencé, eut commencé; eûmes commencé, eûtes commencé, eurent commencé	
Fut. Perf.	aurai commencé, auras commencé, aura commencé; aurons commencé, aurez commencé, auront commencé	
Cond. *Perf.*	aurais commencé, aurais commencé, aurait commencé; aurions commencé, auriez commencé, auraient commencé	
Past Subj.	aie commencé, aies commencé, ait commencé; ayons commencé, ayez commencé, aient commencé	
Plup. Subj.	eusse commencé, eusses commencé, eût commencé; eussions commencé, eussiez commencé, eussent commencé	
Imperative	.commence, commençons, commencez	

48

Pres. Ind.	comprends, comprends, comprend; comprenons, comprenez, comprennent
Imp. Ind.	comprenais, comprenais, comprenait; comprenions, compreniez, comprenaient
Past Def.	compris, compris, comprit; comprîmes, comprîtes, comprirent
Fut. Ind.	comprendrai, comprendras, comprendra; comprendrons, comprendrez, comprendront
Condit.	comprendrais, comprendrais, comprendrait; comprendrions, comprendriez, comprendraient
Pres. Subj.	comprenne, comprennes, comprenne; comprenions, compreniez, comprennent
Imp. Subj.	comprisse, comprisses, comprît; comprissions, comprissiez, comprissent
Past Indef.	ai compris, as compris, a compris; avons compris, avez compris, ont compris
Pluperf.	avais compris, avais compris, avait compris; avions compris, aviez compris, avaient compris
Past Ant.	eus compris, eus compris, eut compris; eûmes compris, eûtes compris, eurent compris
Fut. Perf.	aurai compris, auras compris, aura compris; aurons compris, aurez compris, auront compris
Cond. *Perf.*	aurais compris, aurais compris, aurait compris; aurions compris, auriez compris, auraient compris
Past Subj.	aie compris, aies compris, ait compris; ayons compris, ayez compris, aient compris
Plup. Subj.	eusse compris, eusses compris, eût compris; eussions compris, eussiez compris, eussent compris
Imperative	comprends, comprenons, comprenez

to understand

49

Pres. Ind.	compte, comptes, compte; comptons, comptez, comptent	*to intend,*
Imp. Ind.	comptais, comptais, comptait; comptions, comptiez, comptaient	*count*
Past Def.	comptai, comptas, compta; comptâmes, comptâtes, comptèrent	
Fut. Ind.	compterai, compteras, comptera; compterons, compterez, compteront	
Condit.	compterais, compterais, compterait; compterions, compteriez, compteraient	
Pres. Subj.	compte, comptes, compte; comptions, comptiez, comptent	
Imp. Subj.	comptasse, comptasses, comptât; comptassions, comptassiez, comptassent	
Past Indef.	ai compté, as compté, a compté; avons compté, avez compté, ont compté	
Pluperf.	avais compté, avais compté, avait compté; avions compté, aviez compté, avaient compté	
Past Ant.	eus compté, eus compté, eut compté; eûmes compté, eûtes compté, eurent compté	
Fut. Perf.	aurai compté, auras compté, aura compté; aurons compté, aurez compté, auront compté	
Cond. *Perf.*	aurais compté, aurais compté, aurait compté; aurions compté, auriez compté, auraient compté	
Past Subj.	aie compté, aies compté, ait compté; ayons compté, ayez compté, aient compté	
Plup. Subj.	eusse compté, eusses compté, eût compté; eussions compté, eussiez compté, eussent compté	
Imperative	compte, comptons, comptez	

50

PRES. PART. *concluant* PAST PART. *conclu*   **conclure**

Pres. Ind.	conclus, conclus, conclut; concluons, concluez, concluent
Imp. Ind.	concluais, concluais, concluait; concluions, concluiez, concluaient
Past Def.	conclus, conclus, conclut; conclûmes, conclûtes, conclurent
Fut. Ind.	conclurai, concluras, conclura; conclurons, conclurez, concluront
Condit.	conclurais, conclurais, conclurait; conclurions, concluriez, concluraient
Pres. Subj.	conclue, conclues, conclue; concluions, concluiez, concluent
Imp. Subj.	conclusse, conclusses, conclût; conclussions, conclussiez, conclussent
Past Indef.	ai conclu, as conclu, a conclu; avons conclu, avez conclu, ont conclu
Pluperf.	avais conclu, avais conclu, avait conclu; avions conclu, aviez conclu, avaient conclu
Past Ant.	eus conclu, eus conclu, eut conclu; eûmes conclu, eûtes conclu, eurent conclu
Fut. Perf.	aurai conclu, auras conclu, aura conclu; aurons conclu, aurez conclu, auront conclu
Cond. *Perf.*	aurais conclu, aurais conclu, aurait conclu; aurions conclu, auriez conclu, auraient conclu
Past Subj.	aie conclu, aies conclu, ait conclu; ayons conclu, ayez conclu, aient conclu
Plup. Subj.	eusse conclu, eusses conclu, eût conclu; eussions conclu, eussiez conclu, eussent conclu
Imperative	conclus, concluons, concluez

to conclude

Pres. Ind.	conduis, conduis, conduit; conduisons, conduisez, conduisent	
Imp. Ind.	conduisais, conduisais, conduisait; conduisions, conduisiez, conduisaient	
Past Def.	conduisis, conduisis, conduisit; conduisîmes, conduisîtes, conduisirent	
Fut. Ind.	conduirai, conduiras, conduira; conduirons, conduirez, conduiront	
Condit.	conduirais, conduirais, conduirait; conduirions, conduiriez, conduiraient	
Pres. Subj.	conduise, conduises, conduise; conduisions, conduisiez, conduisent	
Imp. Subj.	conduisisse, conduisisses, conduisît; conduisissions, conduisissiez, conduisissent	
Past Indef.	ai conduit, as conduit, a conduit; avons conduit, avez conduit, ont conduit	
Pluperf.	avais conduit, avais conduit, avait conduit; avions conduit, aviez conduit, avaient conduit	
Past Ant.	eus conduit, eus conduit, eut conduit; eûmes conduit, eûtes conduit, eurent conduit	
Fut. Perf.	aurai conduit, auras conduit, aura conduit; aurons conduit, aurez conduit, auront conduit	
Cond. *Perf.*	aurais conduit, aurais conduit, aurait conduit; aurions conduit, auriez conduit, auraient conduit	
Past Subj.	aie conduit, aies conduit, ait conduit; ayons conduit, ayez conduit, aient conduit	
Plup. Subj.	eusse conduit, eusses conduit, eût conduit; eussions conduit, eussiez conduit, eussent conduit	
Imperative	conduis, conduisons, conduisez	

to lead,
drive,
conduct

52

connaître .

Pres. Ind.	connais, connais, connaît; connaissons, connaissez, connaissent	*to know,*
Imp. Ind.	connaissais, connaissais, connaissait; connaissions, connaissiez, connaissaient	*be acquainted with*
Past Def.	connus, connus, connut; connûmes, connûtes, connurent	
Fut. Ind.	connaîtrai, connaîtras, connaîtra; connaîtrons, connaîtrez, connaîtront	
Condit.	connaîtrais, connaîtrais, connaîtrait; connaîtrions, connaîtriez, connaîtraient .	
Pres. Subj.	connaisse, connaisses, connaisse; connaissions, connaissiez, connaissent	
Imp. Subj.	connusse, connusses, connût; connussions, connussiez, connussent	
Past Indef.	ai connu, as connu, a connu; avons connu, avez connu, ont connu	
Pluperf.	avais connu, avais connu, avait connu; avions connu, aviez connu, avaient connu	
Past Ant.	eus connu, eus connu, eut connu; eûmes connu, eûtes connu, eurent connu	
Fut. Perf.	aurai connu, auras connu, aura connu; aurons connu, aurez connu, auront connu	
Cond. Perf.	aurais connu, aurais connu, aurait connu; aurions connu, auriez connu, auraient connu	
Past Subj.	aie connu, aies connu, ait connu; ayons connu, ayez connu, aient connu	
Plup. Subj.	eusse connu, eusses connu, eût connu; eussions connu, eussiez connu, eussent connu	
Imperative	connais, connaissons, connaissez	

Pres. Ind.	construis, construis, construit; construisons, construisez, construisent	
Imp. Ind.	construisais, construisais, construisait; construisions, construisiez, construisaient	*to construct,* *build*
Past Def.	construisis, construisis, construisit; construisîmes, construisîtes, construisirent	
Fut. Ind.	construirai, construiras, construira; construirons, construirez, construiront	
Condit.	construirais, construirais, construirait; construirions, construiriez, construiraient	
Pres. Subj.	construise, construises, construise; construisions, construisiez, construisent	
Imp. Subj.	construisisse, construisisses, construisît; construisissions, construisissiez, construisissent	
Past Indef.	ai construit, as construit, a construit; avons construit, avez construit, ont construit	
Pluperf.	avais construit, avais construit, avait construit; avions construit, aviez construit, avaient construit	
Past Ant.	eus construit, eus construit, eut construit; eûmes construit, eûtes construit, eurent construit	
Fut. Perf.	aurai construit, auras construit, aura construit; aurons construit, aurez construit, auront construit	
Cond. *Perf.*	aurais construit, aurais construit, aurait construit; aurions construit, auriez construit, auraient construit	
Past Subj.	aie construit, aies construit, ait construit; ayons construit, ayez construit, aient construit	
Plup. Subj.	eusse construit, eusses construit, eût construit; eussions construit, eussiez construit, eussent construit	
Imperative	construis, construisons, construisez	

corriger

Pres. Ind.	corrige, corriges, corrige; corrigeons, corrigez, corrigent
Imp. Ind.	corrigeais, corrigeais, corrigeait; corrigions, corrigiez, corrigeaient
Past Def.	corrigeai, corrigeas, corrigea; corrigeâmes, corrigeâtes, corrigèrent
Fut. Ind.	corrigerai, corrigeras, corrigera; corrigerons, corrigerez, corrigeront
Condit.	corrigerais, corrigerais, corrigerait; corrigerions, corrigeriez, corrigeraient
Pres. Subj.	corrige, corriges, corrige; corrigions, corrigiez, corrigent
Imp. Subj.	corrigeasse, corrigeasses, corrigeât; corrigeassions, corrigeassiez, corrigeassent
Past Indef.	ai corrigé, as corrigé, a corrigé; avons corrigé, avez corrigé, ont corrigé
Pluperf.	avais corrigé, avais corrigé, avait corrigé; avions corrigé, aviez corrigé, avaient corrigé
Past Ant.	eus corrigé, eus corrigé, eut corrigé; eûmes corrigé, eûtes corrigé, eurent corrigé
Fut. Perf.	aurai corrigé, auras corrigé, aura corrigé; aurons corrigé, aurez corrigé, auront corrigé
Cond. Perf.	aurais corrigé, aurais corrigé, aurait corrigé; aurions corrigé, auriez corrigé, auraient corrigé
Past Subj.	aie corrigé, aies corrigé, ait corrigé; ayons corrigé, ayez corrigé, aient corrigé
Plup. Subj.	eusse corrigé, eusses corrigé, eût corrigé; eussions corrigé, eussiez corrigé, eussent corrigé
Imperative	corrige, corrigeons, corrigez

to correct

Pres. Ind.	me couche, te couches, se couche; nous couchons, vous couchez, se couchent	*to go to bed*
Imp. Ind.	me couchais, te couchais, se couchait; nous couchions, vous couchiez, se couchaient	
Past Def.	me couchai, te couchas, se coucha; nous couchâmes, vous couchâtes, se couchèrent	
Fut. Ind.	me coucherai, te coucheras, se couchera; nous coucherons, vous coucherez, se coucheront	
Condit.	me coucherais, te coucherais, se coucherait; nous coucherions, vous coucheriez, se coucheraient	
Pres. Subj.	me couche, te couches, se couche; nous couchions, vous couchiez, se couchent	
Imp. Subj.	me couchasse, te couchasses, se couchât; nous couchassions, vous couchassiez, se couchassent	
Past Indef.	me suis couché(e), t'es couché(e), s'est couché(e); nous sommes couché(e)s, vous êtes couché(e)(s), se sont couché(e)s	
Pluperf.	m'étais couché(e), t'étais couché(e), s'était couché(e); nous étions couché(e)s, vous étiez couché(e)(s), s'étaient couché(e)s	
Past Ant.	me fus couché(e), te fus couché(e), se fut couché(e); nous fûmes couché(e)s, vous fûtes couché(e)(s), se furent couché(e)s	
Fut. Perf.	me serai couché(e), te seras couché(e), se sera couché(e); nous serons couché(e)s, vous serez couché(e)(s), se seront couché(e)s	
Cond. *Perf.*	me serais couché(e), te serais couché(e), se serait couché(e); nous serions couché(e)s, vous seriez couché(e)(s), se seraient couché(e)s	
Past Subj.	me sois couché(e), te sois couché(e), se soit couché(e); nous soyons couché(e)s, vous soyez couché(e)(s), se soient couché(e)s	
Plup. Subj.	me fusse couché(e), te fusses couché(e), se fût couché(e); nous fussions couché(e)s, vous fussiez couché(e)(s), se fussent couché(e)s	
Imperative	couche-toi, couchons-nous, couchez-vous	

Pres. Ind.	couds, couds, coud; cousons, cousez, cousent	*to sew*
Imp. Ind.	cousais, cousais, cousait; cousions, cousiez, cousaient	
Past Def.	cousis, cousis, cousit; cousîmes, cousîtes, cousirent	
Fut. Ind.	coudrai, coudras, coudra; coudrons, coudrez, coudront	
Condit.	coudrais, coudrais, coudrait; coudrions, coudriez, coudraient	
Pres. Subj.	couse, couses, couse; cousions, cousiez, cousent	
Imp. Subj.	cousisse, cousisses, cousît; cousissions, cousissiez, cousissent	
Past Indef.	ai cousu, as cousu, a cousu; avons cousu, avez cousu, ont cousu	
Pluperf.	avais cousu, avais cousu, avait cousu; avions cousu, aviez cousu, avaient cousu	
Past Ant.	eus cousu, eus cousu, eut cousu; eûmes cousu, eûtes cousu, eurent cousu	
Fut. Perf.	aurai cousu, auras cousu, aura cousu; aurons cousu, aurez cousu, auront cousu	
Cond. *Perf.*	aurais cousu, aurais cousu, aurait cousu; aurions cousu, auriez cousu, auraient cousu	
Past Subj.	aie cousu, aies cousu, ait cousu; ayons cousu, ayez cousu, aient cousu	
Plup. Subj.	eusse cousu, eusses cousu, eût cousu; eussions cousu, eussiez cousu, eussent cousu	
Imperative	couds, cousons, cousez	

Pres. Ind.	cours, cours, court; courons, courez, courent	*to run*
Imp. Ind.	courais, courais, courait; courions, couriez, couraient	
Past Def.	courus, courus, courut; courûmes, courûtes, coururent	
Fut. Ind.	courrai, courras, courra; courrons, courrez, courront	
Condit.	courrais, courrais, courrait; courrions, courriez, courraient	
Pres. Subj.	coure, coures, coure; courions, couriez, courent	
Imp. Subj.	courusse, courusses, courût; courussions, courussiez, courussent	
Past Indef.	ai couru, as couru, a couru; avons couru, avez couru, ont couru	
Pluperf.	avais couru, avais couru, avait couru; avions couru, aviez couru, avaient couru	
Past Ant.	eus couru, eus couru, eut couru; eûmes couru, eûtes couru, eurent couru	
Fut. Perf.	aurai couru, auras couru, aura couru; aurons couru, aurez couru, auront couru	
Cond. Perf.	aurais couru, aurais couru, aurait couru; aurions couru, auriez couru, auraient couru	
Past Subj.	aie couru, aies couru, ait couru; ayons couru, ayez couru, aient couru	
Plup. Subj.	eusse couru, eusses couru, eût couru; eussions couru, eussiez couru, eussent couru	
Imperative	cours, courons, courez	

58

Pres. Ind.	il (elle) coûte ils (elles) coûtent	*to cost*
Imp. Ind.	il (elle) coûtait ils (elles) coûtaient	
Past Def.	il (elle) coûta ils (elles) coûtèrent	
Fut. Ind.	il (elle) coûtera ils (elles) coûteront	
Condit.	il (elle) coûterait ils (elles) coûteraient	
Pres. Subj.	il (elle) coûte ils (elles) coûtent	
Imp. Subj.	il (elle) coûtât ils (elles) coûtassent	
Past Indef.	il (elle) a coûté ils (elles) ont coûté	
Pluperf.	il (elle) avait coûté ils (elles) avaient coûté	
Past Ant.	il (elle) eut coûté ils (elles) eurent coûté	
Fut. Perf.	il (elle) aura coûté ils (elles) auront coûté	
Cond. Perf.	il (elle) aurait coûté ils (elles) auraient coûté	
Past Subj.	il (elle) ait coûté ils (elles) aient coûté	
Plup. Subj.	il (elle) eût coûté ils (elles) eussent coûté	
Imperative	[not used]	

Pres. Ind.	couvre, couvres, couvre; couvrons, couvrez, couvrent
Imp. Ind.	couvrais, couvrais, couvrait; couvrions, couvriez, couvraient
Past Def.	couvris, couvris, couvrit; couvrîmes, couvrîtes, couvrirent
Fut. Ind.	couvrirai, couvriras, couvrira; couvrirons, couvrirez, couvriront
Condit.	couvrirais, couvrirais, couvrirait; couvririons, couvririez, couvriraient
Pres. Subj.	couvre, couvres, couvre; couvrions, couvriez, couvrent
Imp. Subj.	couvrisse, couvrisses, couvrît; couvrissions, couvrissiez, couvrissent
Past Indef.	ai couvert, as couvert, a couvert; avons couvert, avez couvert, ont couvert
Pluperf.	avais couvert, avais couvert, avait couvert; avions couvert, aviez couvert, avaient couvert
Past Ant.	eus couvert, eus couvert, eut couvert; eûmes couvert, eûtes couvert, eurent couvert
Fut. Perf.	aurai couvert, auras couvert, aura couvert; aurons couvert, aurez couvert, auront couvert
Cond. *Perf.*	aurais couvert, aurais couvert, aurait couvert; aurions couvert, auriez couvert, auraient couvert
Past Subj.	aie couvert, aies couvert, ait couvert; ayons couvert, ayez couvert, aient couvert
Plup. Subj.	eusse couvert, eusses couvert, eût couvert; eussions couvert, eussiez couvert, eussent couvert
Imperative	couvre, couvrons, couvrez

to cover

Pres. Ind.	crains, crains, craint; craignons, craignez, craignent	*to fear,*
Imp. Ind.	craignais, craignais, craignait; craignions, craigniez, craignaient	*be afraid*
Past Def.	craignis, craignis, craignit; craignîmes, craignîtes, craignirent	
Fut. Ind.	craindrai, craindras, craindra; craindrons, craindrez, craindront	
Condit.	craindrais, craindrais, craindrait; craindrions, craindriez, craindraient	
Pres. Subj.	craigne, craignes, craigne; craignions, craigniez, craignent	
Imp. Subj.	craignisse, craignisses, craignît; craignissions, craignissiez, craignissent	
Past Indef.	ai craint, as craint, a craint; avons craint, avez craint, ont craint	
Pluperf.	avais craint, avais craint, avait craint; avions craint, aviez craint, avaient craint	
Past Ant.	eus craint, eus craint, eut craint; eûmes craint, eûtes craint, eurent craint	
Fut. Perf.	aurai craint, auras craint, aura craint; aurons craint, aurez craint, auront craint	
Cond. Perf.	aurais craint, aurais craint, aurait craint; aurions craint, auriez craint, auraient craint	
Past Subj.	aie craint, aies craint, ait craint; ayons craint, ayez craint, aient craint	
Plup. Subj.	eusse craint, eusses craint, eût craint; eussions craint, eussiez craint, eussent craint	
Imperative	crains, craignons, craignez	

Pres. Ind.	crois, crois, croit; croyons, croyez, croient
Imp. Ind.	croyais, croyais, croyait; croyions, croyiez, croyaient
Past Def.	crus, crus, crut; crûmes, crûtes, crurent
Fut. Ind.	croirai, croiras, croira; croirons, croirez, croiront
Condit.	croirais, croirais, croirait; croirions, croiriez, croiraient
Pres. Subj.	croie, croies, croie; croyions, croyiez, croient
Imp. Subj.	crusse, crusses, crût; crussions, crussiez, crussent
Past Indef.	ai cru, as cru, a cru; avons cru, avez cru, ont cru
Pluperf.	avais cru, avais cru, avait cru; avions cru, aviez cru, avaient cru
Past Ant.	eus cru, eus cru, eut cru; eûmes cru, eûtes cru, eurent cru
Fut. Perf.	aurai cru, auras cru, aura cru; aurons cru, aurez cru, auront cru
Cond. *Perf.*	aurais cru, aurais cru, aurait cru; aurions cru, auriez cru, auraient cru
Past Subj.	aie cru, aies cru, ait cru; ayons cru, ayez cru, aient cru
Plup. Subj.	eusse cru, eusses cru, eût cru; eussions cru, eussiez cru, eussent cru
Imperative	crois, croyons, croyez

to believe

Pres. Ind.	croîs, croîs, croît; croissons, croissez, croissent	*to grow*
Imp. Ind.	croissais, croissais, croissait; croissions, croissiez, croissaient	
Past Def.	crûs, crûs, crût; crûmes, crûtes, crûrent	
Fut. Ind.	croîtrai, croîtras, croîtra; croîtrons, croîtrez, croîtront	
Condit.	croîtrais, croîtrais, croîtrait; croîtrions, croîtriez, croîtraient	
Pres. Subj.	croisse, croisses, croisse; croissions, croissiez, croissent	
Imp. Subj.	crûsse, crûsses, crût; crûssions, crûssiez, crûssent	
Past Indef.	ai crû, as crû, a crû; avons crû, avez crû, ont crû	
Pluperf.	avais crû, avais crû, avait crû; avions crû, aviez crû, avaient crû	
Past Ant.	eus crû, eus crû, eut crû; eûmes crû, eûtes crû, eurent crû	
Fut. Perf.	aurai crû, auras crû, aura crû; aurons crû, aurez crû, auront crû	
Cond. Perf.	aurais crû, aurais crû, aurait crû; aurions crû, auriez crû, auraient crû	
Past Subj.	aie crû, aies crû, ait crû; ayons crû, ayez crû, aient crû	
Plup. Subj.	eusse crû, eusses crû, eût crû; eussions crû, eussiez crû, eussent crû	
Imperative	croîs, croissons, croissez	

Pres. Ind.	cueille, cueilles, cueille; cueillons, cueillez, cueillent	
Imp. Ind.	cueillais, cueillais, cueillait; cueillions, cueilliez, cueillaient	*to gather,*
Past Def.	cueillis, cueillis, cueillit; cueillîmes, cueillîtes, cueillirent	*pick*
Fut. Ind.	cueillerai, cueilleras, cueillera; cueillerons, cueillerez, cueilleront	
Condit.	cueillerais, cueillerais, cueillerait; cueillerions, cueilleriez, cueilleraient	
Pres. Subj.	cueille, cueilles, cueille; cueillions, cueilliez, cueillent	
Imp. Subj.	cueillisse, cueillisses, cueillît; cueillissions, cueillissiez, cueillissent	
Past Indef.	ai cueilli, as cueilli, a cueilli; avons cueilli, avez cueilli, ont cueilli	
Pluperf.	avais cueilli, avais cueilli, avait cueilli; avions cueilli, aviez cueilli, avaient cueilli	
Past Ant.	eus cueilli, eus cueilli, eut cueilli; eûmes cueilli, eûtes cueilli, eurent cueilli	
Fut. Perf.	aurai cueilli, auras cueilli, aura cueilli; aurons cueilli, aurez cueilli, auront cueilli	
Cond. *Perf.*	aurais cueilli, aurais cueilli, aurait cueilli; aurions cueilli, auriez cueilli, auraient cueilli	
Past Subj.	aie cueilli, aies cueilli, ait cueilli; ayons cueilli, ayez cueilli, aient cueilli	
Plup. Subj.	eusse cueilli, eusses cueilli, eût cueilli; eussions cueilli, eussiez cueilli, eussent cueilli	
Imperative	cueille, cueillons, cueillez	

to cook

Pres. Ind.	cuis, cuis, cuit; cuisons, cuisez, cuisent
Imp. Ind.	cuisais, cuisais, cuisait; cuisions, cuisiez, cuisaient
Past Def.	cuisis, cuisis, cuisit; cuisîmes, cuisîtes, cuisirent
Fut. Ind.	cuirai, cuiras, cuira; cuirons, cuirez, cuiront
Condit.	cuirais, cuirais, cuirait; cuirions, cuiriez, cuiraient
Pres. Subj.	cuise, cuises, cuise; cuisions, cuisiez, cuisent
Imp. Subj.	cuisisse, cuisisses, cuisît; cuisissions, cuisissiez, cuisissent
Past Indef.	ai cuit, as cuit, a cuit; avons cuit, avez cuit, ont cuit
Pluperf.	avais cuit, avais cuit, avait cuit; avions cuit, aviez cuit, avaient cuit
Past Ant.	eus cuit, eus cuit, eut cuit; eûmes cuit, eûtes cuit, eurent cuit
Fut. Perf.	aurai cuit, auras cuit, aura cuit; aurons cuit, aurez cuit, auront cuit
Cond. Perf.	aurais cuit, aurais cuit, aurait cuit; aurions cuit, auriez cuit, auraient cuit
Past Subj.	aie cuit, aies cuit, ait cuit; ayons cuit, ayez cuit, aient cuit
Plup. Subj.	eusse cuit, eusses cuit, eût cuit; eussions cuit, eussiez cuit, eussent cuit
Imperative	cuis, cuisons, cuisez

Pres. Ind.	danse, danses, danse; dansons, dansez, dansent	*to dance*
Imp. Ind.	dansais, dansais, dansait; dansions, dansiez, dansaient	
Past Def.	dansai, dansas, dansa; dansâmes, dansâtes, dansèrent	
Fut. Ind.	danserai, danseras, dansera; danserons, danserez, danseront	
Condit.	danserais, danserais, danserait; danserions, danseriez, danseraient	
Pres. Subj.	danse, danses, danse; dansions, dansiez, dansent	
Imp. Subj.	dansasse, dansasses, dansât; dansassions, dansassiez, dansassent	
Past Indef.	ai dansé, as dansé, a dansé; avons dansé, avez dansé, ont dansé	
Pluperf.	avais dansé, avais dansé, avait dansé; avions dansé, aviez dansé, avaient dansé	
Past Ant.	eus dansé, eus dansé, eut dansé; eûmes dansé, eûtes dansé, eurent dansé	
Fut. Perf.	aurai dansé, auras dansé, aura dansé; aurons dansé, aurez dansé, auront dansé	
Cond. *Perf.*	aurais dansé, aurais dansé, aurait dansé; aurions dansé, auriez dansé, auraient dansé	
Past Subj.	aie dansé, aies dansé, ait dansé; ayons dansé, ayez dansé, aient dansé	
Plup. Subj.	eusse dansé, eusses dansé, eût dansé; eussions dansé, eussiez dansé, eussent dansé	
Imperative	danse, dansons, dansez	

Pres. Ind.	déjeune, déjeunes, déjeune; déjeunons, déjeunez, déjeunent	*to lunch,*
Imp. Ind.	déjeunais, déjeunais, déjeunait; déjeunions, déjeuniez, déjeunaient	*have lunch*
Past Def.	déjeunai, déjeunas, déjeuna; déjeunâmes, déjeunâtes, déjeunèrent	
Fut. Ind.	déjeunerai, déjeuneras, déjeunera; déjeunerons, déjeunerez, déjeuneront	
Condit.	déjeunerais, déjeunerais, déjeunerait; déjeunerions, déjeuneriez, déjeuneraient	
Pres. Subj.	déjeune, déjeunes, déjeune; déjeunions, déjeuniez, déjeunent	
Imp. Subj.	déjeunasse, déjeunasses, déjeunât; déjeunassions, déjeunassiez, déjeunassent	
Past Indef.	ai déjeuné, as déjeuné, a déjeuné; avons déjeuné, avez déjeuné, ont déjeuné	
Pluperf.	avais déjeuné, avais déjeuné, avait déjeuné; avions déjeuné, aviez déjeuné, avaient déjeuné	
Past Ant.	eus déjeuné, eus déjeuné, eut déjeuné; eûmes déjeuné, eûtes déjeuné, eurent déjeuné	
Fut. Perf.	aurai déjeuné, auras déjeuné, aura déjeuné; aurons déjeuné, aurez déjeuné, auront déjeuné	
Cond. *Perf.*	aurais déjeuné, aurais déjeuné, aurait déjeuné; aurions déjeuné, auriez déjeuné, auraient déjeuné	
Past Subj.	aie déjeuné, aies déjeuné, ait déjeuné; ayons déjeuné, ayez déjeuné, aient déjeuné	
Plup. Subj.	eusse déjeuné, eusses déjeuné, eût déjeuné; eussions déjeuné, eussiez déjeuné, eussent déjeuné	
Imperative	déjeune, déjeunons, déjeunez	

Pres. Ind.	demande, demandes, demande; demandons, demandez, demandent	*to ask,*
Imp. Ind.	demandais, demandais, demandait; demandions, demandiez, demandaient	*request*
Past Def.	demandai, demandas, demanda; demandâmes, demandâtes, demandèrent	
Fut. Ind.	demanderai, demanderas, demandera; demanderons, demanderez, demanderont	
Condit.	demanderais, demanderais, demanderait; demanderions, demanderiez, demanderaient	
Pres. Subj.	demande, demandes, demande; demandions, demandiez, demandent	
Imp. Subj.	demandasse, demandasses, demandât; demandassions, demandassiez, demandassent	
Past Indef.	ai demandé, as demandé, a demandé; avons demandé, avez demandé, ont demandé	
Pluperf.	avais demandé, avais demandé, avait demandé; avions demandé, aviez demandé, avaient demandé	
Past Ant.	eus demandé, eus demandé, eut demandé; eûmes demandé, eûtes demandé, eurent demandé	
Fut. Perf.	aurai demandé, auras demandé, aura demandé; aurons demandé, aurez demandé, auront demandé	
Cond. *Perf.*	aurais demandé, aurais demandé, aurait demandé; aurions demandé, auriez demandé, auraient demandé	
Past Subj.	aie demandé, aies demandé, ait demandé; ayons demandé, ayez demandé, aient demandé	
Plup. Subj.	eusse demandé, eusses demandé, eût demandé; eussions demandé, eussiez demandé, eussent demandé	
Imperative	demande, demandons, demandez	

Pres. Ind.	demeure, demeures, demeure; demeurons, demeurez, demeurent	*to reside,*
Imp. Ind.	demeurais, demeurais, demeurait; demeurions, demeuriez, demeuraient	*live*
Past Def.	demeurai, demeuras, demeura; demeurâmes, demeurâtes, demeurèrent	
Fut. Ind.	demeurerai, demeureras, demeurera; demeurerons, demeurerez, demeureront	
Condit.	demeurerais, demeurerais, demeurerait; demeurerions, demeureriez, demeureraient	
Pres. Subj.	demeure, demeures, demeure; demeurions, demeuriez, demeurent	
Imp. Subj.	demeurasse, demeurasses, demeurât; demeurassions, demeurassiez, demeurassent	
Past Indef.	ai demeuré, as demeuré, a demeuré; avons demeuré, avez demeuré, ont demeuré	
Pluperf.	avais demeuré, avais demeuré, avait demeuré; avions demeuré, aviez demeuré, avaient demeuré	
Past Ant.	eus demeuré, eus demeuré, eut demeuré; eûmes demeuré, eûtes demeuré, eurent demeuré	
Fut. Perf.	aurai demeuré, auras demeuré, aura demeuré; aurons demeuré, aurez demeuré, auront demeuré	
Cond. *Perf.*	aurais demeuré, aurais demeuré, aurait demeuré; aurions demeuré, auriez demeuré, auraient demeuré	
Past Subj.	aie demeuré, aies demeuré, ait demeuré; ayons demeuré, ayez demeuré, aient demeuré	
Plup. Subj.	eusse demeuré, eusses demeuré, eût demeuré; eussions demeuré, eussiez demeuré, eussent demeuré	
Imperative	demeure, demeurons, demeurez	

Pres. Ind.	me dépêche, te dépêches, se dépêche; nous dépêchons, vous dépêchez, se dépêchent
Imp. Ind.	me dépêchais, te dépêchais, se dépêchait; nous dépêchions, vous dépêchiez, se dépêchaient
Past Def.	me dépêchai, te dépêchas, se dépêcha; nous dépêchâmes, vous dépêchâtes, se dépêchèrent
Fut. Ind.	me dépêcherai, te dépêcheras, se dépêchera; nous dépêcherons, vous dépêcherez, se dépêcheront
Condit.	me dépêcherais, te dépêcherais, se dépêcherait; nous dépêcherions, vous dépêcheriez, se dépêcheraient
Pres. Subj.	me dépêche, te dépêches, se dépêche; nous dépêchions, vous dépêchiez, se dépêchent
Imp. Subj.	me dépêchasse, te dépêchasses, se dépêchât; nous dépêchassions, vous dépêchassiez, se dépêchassent
Past Indef.	me suis dépêché(e), t'es dépêché(e), s'est dépêché(e); nous sommes dépêché(e)s, vous êtes dépêché(e)(s), se sont dépêché(e)s
Pluperf.	m'étais dépêché(e), t'étais dépêché(e), s'était dépêché(e); nous étions dépêché(e)s, vous étiez dépêché(e)(s), s'étaient dépêché(e)s
Past Ant.	me fus dépêché(e), te fus dépêché(e), se fut dépêché(e); nous fûmes dépêché(e)s, vous fûtes dépêché(e)(s), se furent dépêché(e)s
Fut. Perf.	me serai dépêché(e), te seras dépêché(e), se sera dépêché(e); nous serons dépêché(e)s, vous serez dépêché(e)(s), se seront dépêché(e)s
Cond. Perf.	me serais dépêché(e), te serais dépêché(e), se serait dépêché(e); nous serions dépêché(e)s, vous seriez dépêché(e)(s), se seraient dépêché(e)s
Past Subj.	me sois dépêché(e), te sois dépêché(e), se soit dépêché(e); nous soyons dépêché(e)s, vous soyez dépêché(e)(s), se soient dépêché(e)s
Plup. Subj.	me fusse dépêché(e), te fusses dépêché(e), se fût dépêché(e); nous fussions dépêché(e)s, vous fussiez dépêché(e)(s), se fussent dépêché(e)s
Imperative	dépêche-toi, dépêchons-nous, dépêchez-vous

to hurry, hasten

Pres. Ind.	descends, descends, descend; descendons, descendez, descendent
Imp. Ind.	descendais, descendais, descendait; descendions, descendiez, descendaient
Past Def.	descendis, descendis, descendit; descendîmes, descendîtes, descendirent
Fut. Ind.	descendrai, descendras, descendra; descendrons, descendrez, descendront
Condit.	descendrais, descendrais, descendrait; descendrions, descendriez, descendraient
Pres. Subj.	descende, descendes, descende; descendions, descendiez, descendent
Imp. Subj.	descendisse, descendisses, descendît; descendissions, descendissiez, descendissent
Past Indef.	suis descendu(e), es descendu(e), est descendu(e); sommes descendu(e)s, êtes descendu(e)(s), sont descendu(e)s
Pluperf.	étais descendu(e), étais descendu(e), était descendu(e); étions descendu(e)s, étiez descendu(e)(s), étaient descendu(e)s
Past Ant.	fus descendu(e), fus descendu(e), fut descendu(e); fûmes descendu(e)s, fûtes descendu(e)(s), furent descendu(e)s
Fut. Perf.	serai descendu(e), seras descendu(e), sera descendu(e); serons descendu(e)s, serez descendu(e)(s), seront descendu(e)s
Cond. Perf.	serais descendu(e), serais descendu(e), serait descendu(e); serions descendu(e)s, seriez descendu(e)(s), seraient descendu(e)s
Past Subj.	sois descendu(e), sois descendu(e), soit descendu(e); soyons descendu(e)s, soyez descendu(e)(s), soient descendu(e)s
Plup. Subj.	fusse descendu(e), fusses descendu(e), fût descendu(e); fussions descendu(e)s, fussiez descendu(e)(s), fussent descendu(e)s
Imperative	descends, descendons, descendez

to go down,
to descend,
to take down,
bring down

* This verb is conjugated with *avoir* when it has a direct object.
Example: J'ai descendu l'escalier.
J'ai descendu les valises.

Pres. Ind.	désire, désires, désire; désirons, désirez, désirent
Imp. Ind.	désirais, désirais, désirait; désirions, désiriez, désiraient
Past Def.	désirai, désiras, désira; désirâmes, désirâtes, désirèrent
Fut. Ind.	désirerai, désireras, désirera; désirerons, désirerez, désireront
Condit.	désirerais, désirerais, désirerait; désirerions, désireriez, désireraient
Pres. Subj.	désire, désires, désire; désirions, désiriez, désirent
Imp. Subj.	désirasse, désirasses, désirât; désirassions, désirassiez, désirassent
Past Indef.	ai désiré, as désiré, a désiré; avons désiré, avez désiré, ont désiré
Pluperf.	avais désiré, avais désiré, avait désiré; avions désiré, aviez désiré, avaient désiré
Past Ant.	eus désiré, eus désiré, eut désiré; eûmes désiré, eûtes désiré, eurent désiré
Fut. Perf.	aurai désiré, auras désiré, aura désiré; aurons désiré, aurez désiré, auront désiré
Cond. *Perf.*	aurais désiré, aurais désiré, aurait désiré; aurions désiré, auriez désiré, auraient désiré
Past Subj.	aie désiré, aies désiré, ait désiré; ayons désiré, ayez désiré, aient désiré
Plup. Subj.	eusse désiré, eusses désiré, eût désiré; eussions désiré, eussiez désiré, eussent désiré
Imperative	[Ordinarily not used]

to desire,
want

Pres. Ind.	deviens, deviens, devient; devenons, devenez, deviennent	*to become*
Imp. Ind.	devenais, devenais, devenait; devenions, deveniez, devenaient	
Past Def.	devins, devins, devint; devînmes, devîntes, devinrent	
Fut. Ind.	deviendrai, deviendras, deviendra; deviendrons, deviendrez, deviendront	
Condit.	deviendrais, deviendrais, deviendrait; deviendrions, deviendriez, deviendraient	
Pres. Subj.	devienne, deviennes, devienne; devenions, deveniez, deviennent	
Imp. Subj.	devinsse; devinsses, devînt; devinssions, devinssiez, devinssent	
Past Indef.	suis devenu(e), es devenu(e), est devenu(e); sommes devenu(e)s, êtes devenu(e)(s), sont devenu(e)s	
Pluperf.	étais devenu(e), étais devenu(e), était devenu(e); étions devenu(e)s, étiez devenu(e)(s), étaient devenu(e)s	
Past Ant.	fus devenu(e), fus devenu(e), fut devenu(e); fûmes devenu(e)s, fûtes devenu(e)(s), furent devenu(e)s	
Fut. Perf.	serai devenu(e), seras devenu(e), sera devenu(e); serons devenu(e)s, serez devenu(e)(s), seront devenu(e)s	
Cond. *Perf.*	serais devenu(e), serais devenu(e), serait devenu(e); serions devenu(e)s, seriez devenu(e)(s), seraient devenu(e)s	
Past Subj.	sois devenu(e), sois devenu(e), soit devenu(e); soyons devenu(e)s, soyez devenu(e)(s), soient devenu(e)s	
Plup. Subj.	fusse devenu(e), fusses devenu(e), fût devenu(e); fussions devenu(e)s, fussiez devenu(e)(s), fussent devenu(e)s	
Imperative	deviens, devenons, devenez	

devoir

Pres. Ind.	dois, dois, doit; devons, devez, doivent
Imp. Ind.	devais, devais, devait; devions, deviez, devaient
Past Def.	dus, dus, dut; dûmes, dûtes, durent
Fut. Ind.	devrai, devras, devra; devrons, devrez, devront
Condit.	devrais, devrais, devrait; devrions, devriez, devraient
Pres. Subj.	doive, doives, doive; devions, deviez, doivent
Imp. Subj.	dusse, dusses, dût; dussions, dussiez, dussent
Past Indef.	ai dû, as dû, a dû; avons dû, avez dû, ont dû
Pluperf.	avais dû, avais dû, avait dû; avions dû, aviez dû, avaient dû
Past Ant.	eus dû, eus dû, eut dû; eûmes dû, eûtes dû, eurent dû
Fut. Perf.	aurai dû, auras dû, aura dû; aurons dû, aurez dû, auront dû
Cond. Perf.	aurais dû, aurais dû, aurait dû; aurions dû, auriez dû, auraient dû
Past Subj.	aie dû, aies dû, ait dû; ayons dû, ayez dû, aient dû
Plup. Subj.	eusse dû, eusses dû, eût dû; eussions dû, eussiez dû, eussent dû
Imperative	dois, devons, devez

have to, must, ought, owe, should

dîner

Pres. Ind.	dîne, dînes, dîne; dînons, dînez, dînent
Imp. Ind.	dînais, dînais, dînait; dînions, dîniez, dînaient
Past Def.	dînai, dînas, dîna; dînâmes, dînâtes, dînèrent
Fut. Ind.	dînerai, dîneras, dînera; dînerons, dînerez, dîneront
Condit.	dînerais, dînerais, dînerait; dînerions, dîneriez, dîneraient
Pres. Subj.	dîne, dînes, dîne; dînions, dîniez, dînent
Imp. Subj.	dînasse, dînasses, dînât; dînassions, dînassiez, dînassent
Past Indef.	ai dîné, as dîné, a dîné; avons dîné, avez dîné, ont dîné
Pluperf.	avais dîné, avais dîné, avait dîné; avions dîné, aviez dîné, avaient dîné
Past Ant.	eus dîné, eus dîné, eut dîné; eûmes dîné, eûtes dîné, eurent dîné
Fut. Perf.	aurai dîné, auras dîné, aura dîné; aurons dîné, aurez dîné, auront dîné
Cond. *Perf.*	aurais dîné, aurais dîné, aurait dîné; aurions dîné, auriez dîné, auraient dîné
Past Subj.	aie dîné, aies dîné, ait dîné; ayons dîné, ayez dîné, aient dîné
Plup. Subj.	eusse dîné, eusses dîné, eût dîné; eussions dîné, eussiez dîné, eussent dîné
Imperative	dîne, dînons, dînez

to dine,
have dinner

dire

Pres. Ind.	dis, dis, dit; disons, dites, disent	*to say,*
Imp. Ind.	disais, disais, disait; disions, disiez, disaient	*tell*
Past Def.	dis, dis, dit; dîmes, dîtes, dirent	
Fut. Ind.	dirai, diras, dira; dirons, direz, diront	
Condit.	dirais, dirais, dirait; dirions, diriez, diraient	
Pres. Subj.	dise, dises, dise; disions, disiez, disent	
Imp. Subj.	disse, disses, dît; dissions, dissiez, dissent	
Past Indef.	ai dit, as dit, a dit; avons dit, avez dit, ont dit	
Pluperf.	avais dit, avais dit, avait dit; avions dit, aviez dit, avaient dit	
Past Ant.	eus dit, eus dit, eut dit; eûmes dit, eûtes dit, eurent dit	
Fut. Perf.	aurai dit, auras dit, aura dit; aurons dit, aurez dit, auront dit	
Cond. *Perf.*	aurais dit, aurais dit, aurait dit; aurions dit, auriez dit, auraient dit	
Past Subj.	aie dit, aies dit, ait dit; ayons dit, ayez dit, aient dit	
Plup. Subj.	eusse dit, eusses dit, eût dit; eussions dit, eussiez dit, eussent dit	
Imperative	dis, disons, dites	

76

Pres. Ind.	donne, donnes, donne; donnons, donnez, donnent
Imp. Ind.	donnais, donnais, donnait; donnions, donniez, donnaient
Past Def.	donnai, donnas, donna; donnâmes, donnâtes, donnèrent
Fut. Ind.	donnerai, donneras, donnera; donnerons, donnerez, donneront
Condit.	donnerais, donnerais, donnerait; donnerions, donneriez, donneraient
Pres. Subj.	donne, donnes, donne; donnions, donniez, donnent
Imp. Subj.	donnasse, donnasses, donnât; donnassions, donnassiez, donnassent
Past Indef.	ai donné, as donné, a donné; avons donné, avez donné, ont donné
Pluperf.	avais donné, avais donné, avait donné; avions donné, aviez donné, avaient donné
Past Ant.	eus donné, eus donné, eut donné; eûmes donné, eûtes donné, eurent donné
Fut. Perf.	aurai donné, auras donné, aura donné; aurons donné, aurez donné, auront donné
Cond. Perf.	aurais donné, aurais donné, aurait donné; aurions donné, auriez donné, auraient donné
Past Subj.	aie donné, aies donné, ait donné; ayons donné, ayez donné, aient donné
Plup. Subj.	eusse donné, eusses donné, eût donné; eussions donné, eussiez donné, eussent donné
Imperative	donne, donnons, donnez

to give

Pres. Ind.	dors, dors, dort; dormons, dormez, dorment
Imp. Ind.	dormais, dormais, dormait; dormions, dormiez, dormaient
Past Def.	dormis, dormis, dormit; dormîmes, dormîtes, dormirent
Fut. Ind.	dormirai, dormiras, dormira; dormirons, dormirez, dormiront
Condit.	dormirais, dormirais, dormirait; dormirions, dormiriez, dormiraient
Pres. Subj.	dorme, dormes, dorme; dormions, dormiez, dorment
Imp. Subj.	dormisse, dormisses, dormît; dormissions, dormissiez, dormissent
Past Indef.	ai dormi, as dormi, a dormi; avons dormi, avez dormi, ont dormi
Pluperf.	avais dormi, avais dormi, avait dormi; avions dormi, aviez dormi, avaient dormi
Past Ant.	eus dormi, eus dormi, eut dormi; eûmes dormi, eûtes dormi, eurent dormi
Fut. Perf.	aurai dormi, auras dormi, aura dormi; aurons dormi, aurez dormi, auront dormi
Cond. Perf.	aurais dormi, aurais dormi, aurait dormi; aurions dormi, auriez dormi, auraient dormi
Past Subj.	aie dormi, aies dormi, ait dormi; ayons dormi, ayez dormi, aient dormi
Plup. Subj.	eusse dormi, eusses dormi, eût dormi; eussions dormi, eussiez dormi, eussent dormi
Imperative	dors, dormons, dormez

to sleep

Pres. Ind.	écoute, écoutes, écoute;	
	écoutons, écoutez, écoutent	*to listen (to)*
Imp. Ind.	écoutais, écoutais, écoutait;	
	écoutions, écoutiez, écoutaient	
Past Def.	écoutai, écoutas, écouta;	
	écoutâmes, écoutâtes, écoutèrent	
Fut. Ind.	écouterai, écouteras, écoutera;	
	écouterons, écouterez, écouteront	
Condit.	écouterais, écouterais, écouterait;	
	écouterions, écouteriez, écouteraient	
Pres. Subj.	écoute, écoutes, écoute;	
	écoutions, écoutiez, écoutent	
Imp. Subj.	écoutasse, écoutasses, écoutât;	
	écoutassions, écoutassiez, écoutassent	
Past Indef.	ai écouté, as écouté, a écouté;	
	avons écouté, avez écouté, ont écouté	
Pluperf.	avais écouté, avais écouté, avait écouté;	
	avions écouté, aviez écouté, avaient écouté	
Past Ant.	eus écouté, eus écouté, eut écouté;	
	eûmes écouté, eûtes écouté, eurent écouté	
Fut. Perf.	aurai écouté, auras écouté, aura écouté;	
	aurons écouté, aurez écouté, auront écouté	
Cond. Perf.	aurais écouté, aurais écouté, aurait écouté;	
	aurions écouté, auriez écouté, auraient écouté	
Past Subj.	aie écouté, aies écouté, ait écouté;	
	ayons écouté, ayez écouté, aient écouté	
Plup. Subj.	eusse écouté, eusses écouté, eût écouté;	
	eussions écouté, eussiez écouté, eussent écouté	
Imperative	écoute, écoutons, écoutez	

Pres. Ind.	écris, écris, écrit; écrivons, écrivez, écrivent	*to write*
Imp. Ind.	écrivais, écrivais, écrivait; écrivions, écriviez, écrivaient	
Past Def.	écrivis, écrivis, écrivit; écrivîmes, écrivîtes, écrivirent	
Fut. Ind.	écrirai, écriras, écrira; écrirons, écrirez, écriront	
Condit.	écrirais, écrirais, écrirait; écririons, écririez, écriraient	
Pres. Subj.	écrive, écrives, écrive; écrivions, écriviez, écrivent	
Imp. Subj.	écrivisse, écrivisses, écrivît; écrivissions, écrivissiez, écrivissent	
Past Indef.	ai écrit, as écrit, a écrit; avons écrit, avez écrit, ont écrit	
Pluperf.	avais écrit, avais écrit, avait écrit; avions écrit, aviez écrit, avaient écrit	
Past Ant.	eus écrit, eus écrit, eut écrit; eûmes écrit, eûtes écrit, eurent écrit	
Fut. Perf.	aurai écrit, auras écrit, aura écrit; aurons écrit, aurez écrit, auront écrit	
Cond. *Perf.*	aurais écrit, aurais écrit, aurait écrit; aurions écrit, auriez écrit, auraient écrit	
Past Subj.	aie écrit, aies écrit, ait écrit; ayons écrit, ayez écrit, aient écrit	
Plup. Subj.	eusse écrit, eusses écrit, eût écrit; eussions écrit, eussiez écrit, eussent écrit	
Imperative	écris, écrivons, écrivez	

80

Pres. Ind.	emploie, emploies, emploie; employons, employez, emploient	
Imp. Ind.	employais, employais, employait; employions, employiez, employaient	*to use,* *employ*
Past Def.	employai, employas, employa; employâmes, employâtes, employèrent	
Fut. Ind.	emploierai, emploieras, emploiera; emploierons, emploierez, emploieront	
Condit.	emploierais, emploierais, emploierait; emploierions, emploieriez, emploieraient	
Pres. Subj.	emploie, emploies, emploie; employions, employiez, emploient	
Imp. Subj.	employasse, employasses, employât; employassions, employassiez, employassent	
Past Indef.	ai employé, as employé, a employé; avons employé, avez employé, ont employé	
Pluperf.	avais employé, avais employé, avait employé; avions employé, aviez employé, avaient employé	
Past Ant.	eus employé, eus employé, eut employé; eûmes employé, eûtes employé, eurent employé	
Fut. Perf.	aurai employé, auras employé, aura employé; aurons employé, aurez employé, auront employé	
Cond. *Perf.*	aurais employé, aurais employé, aurait employé; aurions employé, auriez employé, auraient employé	
Past Subj.	aie employé, aies employé, ait employé; ayons employé, ayez employé, aient employé	
Plup. Subj.	eusse employé, eusses employé, eût employé; eussions employé, eussiez employé, eussent employé	
Imperative	emploie, employons, employez	

Pres. Ind.	emprunte, empruntes, emprunte; empruntons, empruntez, empruntent	*to borrow*
Imp. Ind.	empruntais, empruntais, empruntait; empruntions, empruntiez, empruntaient	
Past Def.	empruntai, empruntas, emprunta; empruntâmes, empruntâtes, empruntèrent	
Fut. Ind.	emprunterai, emprunteras, empruntera; emprunterons, emprunterez, emprunteront	
Condit.	emprunterais, emprunterais, emprunterait; emprunterions, emprunteriez, emprunteraient	
Pres. Subj.	emprunte, empruntes, emprunte; empruntions, empruntiez, empruntent	
Imp. Subj.	empruntasse, empruntasses, empruntât; empruntassions, empruntassiez, empruntassent	
Past Indef.	ai emprunté, as emprunté, a emprunté; avons emprunté, avez emprunté, ont emprunté	
Pluperf.	avais emprunté, avais emprunté, avait emprunté; avions emprunté, aviez emprunté, avaient emprunté	
Past Ant.	eus emprunté, eus emprunté, eut emprunté; eûmes emprunté, eûtes emprunté, eurent emprunté	
Fut. Perf.	aurai emprunté, auras emprunté, aura emprunté; aurons emprunté, aurez emprunté, auront emprunté	
Cond. *Perf.*	aurais emprunté, aurais emprunté, aurait emprunté; aurions emprunté, auriez emprunté, auraient emprunté	
Past Subj.	aie emprunté, aies emprunté, ait emprunté; ayons emprunté, ayez emprunté, aient emprunté	
Plup. Subj.	eusse emprunté, eusses emprunté, eût emprunté; eussions emprunté, eussiez emprunté, eussent emprunté	
Imperative	emprunte, empruntons, empruntez	

Pres. Ind.	ennuie, ennuies, ennuie; ennuyons, ennuyez, ennuient	*to bore*
Imp. Ind.	ennuyais, ennuyais, ennuyait; ennuyions, ennuyiez, ennuyaient	
Past Def.	ennuyai, ennuyas, ennuya; ennuyâmes, ennuyâtes, ennuyèrent	
Fut. Ind.	ennuierai, ennuieras, ennuiera; ennuierons, ennuierez, ennuieront	
Condit.	ennuierais, ennuierais, ennuierait; ennuierions, ennuieriez, ennuieraient	
Pres. Subj.	ennuie, ennuies, ennuie; ennuyions, ennuyiez, ennuient	
Imp. Subj.	ennuyasse, ennuyasses, ennuyât; ennuyassions, ennuyassiez, ennuyassent	
Past Indef.	ai ennuyé, as ennuyé, a ennuyé; avons ennuyé, avez ennuyé, ont ennuyé	
Pluperf.	avais ennuyé, avais ennuyé, avait ennuyé; avions ennuyé, aviez ennuyé, avaient ennuyé	
Past Ant.	eus ennuyé, eus ennuyé, eut ennuyé; eûmes ennuyé, eûtes ennuyé, eurent ennuyé	
Fut. Perf.	aurai ennuyé, auras ennuyé, aura ennuyé; aurons ennuyé, aurez ennuyé, auront ennuyé	
Cond. *Perf.*	aurais ennuyé, aurais ennuyé, aurait ennuyé; aurions ennuyé, auriez ennuyé, auraient ennuyé	
Past Subj.	aie ennuyé, aies ennuyé, ait ennuyé; ayons ennuyé, ayez ennuyé, aient ennuyé	
Plup. Subj.	eusse ennuyé, eusses ennuyé, eût ennuyé; eussions ennuyé, eussiez ennuyé, eussent ennuyé	
Imperative	ennuie, ennuyons, ennuyez	

Pres. Ind.   enseigne, enseignes, enseigne;
enseignons, enseignez, enseignent

Imp. Ind.   enseignais, enseignais, enseignait;
enseignions, enseigniez, enseignaient

Past Def.   enseignai, enseignas, enseigna;
enseignâmes, enseignâtes, enseignèrent

Fut. Ind.   enseignerai, enseigneras, enseignera;
enseignerons, enseignerez, enseigneront

Condit.   enseignerais, enseignerais, enseignerait;
enseignerions, enseigneriez, enseigneraient

Pres. Subj.   enseigne, enseignes, enseigne;
enseignions, enseigniez, enseignent

Imp. Subj.   enseignasse, enseignasses, enseignât;
enseignassions, enseignassiez, enseignassent

Past Indef.   ai enseigné, as enseigné, a enseigné;
avons enseigné, avez enseigné, ont enseigné

Pluperf.   avais enseigné, avais enseigné, avait enseigné;
avions enseigné, aviez enseigné, avaient enseigné

Past Ant.   eus enseigné, eus enseigné, eut enseigné;
eûmes enseigné, eûtes enseigné, eurent enseigné

Fut. Perf.   aurai enseigné, auras enseigné, aura enseigné;
aurons enseigné, aurez enseigné, auront enseigné

Cond. Perf.   aurais enseigné, aurais enseigné, aurait enseigné;
aurions enseigné, auriez enseigné, auraient enseigné

Past Subj.   aie enseigné, aies enseigné, ait enseigné;
ayons enseigné, ayez enseigné, aient enseigné

Plup. Subj.   eusse enseigné, eusses enseigné, eût enseigné;
eussions enseigné, eussiez enseigné, eussent enseigné

Imperative   enseigne, enseignons, enseignez

to teach

84

Pres. Ind.	entends, entends, entend;
	entendons, entendez, entendent
Imp. Ind.	entendais, entendais, entendait;
	entendions, entendiez, entendaient
Past Def.	entendis, entendis, entendit;
	entendîmes, entendîtes, entendirent
Fut. Ind.	entendrai, entendras, entendra;
	entendrons, entendrez, entendront
Condit.	entendrais, entendrais, entendrait;
	entendrions, entendriez, entendraient
Pres. Subj.	entende, entendes, entende;
	entendions, entendiez, entendent
Imp. Subj.	entendisse, entendisses, entendît;
	entendissions, entendissiez, entendissent
Past Indef.	ai entendu, as entendu, a entendu;
	avons entendu, avez entendu, ont entendu
Pluperf.	avais entendu, avais entendu, avait entendu;
	avions entendu, aviez entendu, avaient entendu
Past Ant.	eus entendu, eus entendu, eut entendu;
	eûmes entendu, eûtes entendu, eurent entendu
Fut. Perf.	aurai entendu, auras entendu, aura entendu;
	aurons entendu, aurez entendu, auront entendu
Cond.	aurais entendu, aurais entendu, aurait entendu;
Perf.	aurions entendu, auriez entendu, auraient entendu
Past Subj.	aie entendu, aies entendu, ait entendu;
	ayons entendu, ayez entendu, aient entendu
Plup. Subj.	eusse entendu, eusses entendu, eût entendu;
	eussions entendu, eussiez entendu, eussent entendu
Imperative	entends, entendons, entendez

*to hear,
understand*

Pres. Ind.	entre, entres, entre; entrons, entrez, entrent
Imp. Ind.	entrais, entrais, entrait; entrions, entriez, entraient
Past Def.	entrai, entras, entra; entrâmes, entrâtes, entrèrent
Fut. Ind.	entrerai, entreras, entrera; entrerons, entrerez, entreront
Condit.	entrerais, entrerais, entrerait; entrerions, entreriez, entreraient
Pres. Subj.	entre, entres, entre; entrions, entriez, entrent
Imp. Subj.	entrasse, entrasses, entrât; entrassions, entrassiez, entrassent
Past Indef.	suis entré(e), es entré(e), est entré(e); sommes entré(e)s, êtes entré(e)(s), sont entré(e)s
Pluperf.	étais entré(e), étais entré(e), était entré(e); étions entré(e)s, étiez entré(e)(s), étaient entré(e)s
Past Ant.	fus entré(e), fus entré(e), fut entré(e); fûmes entré(e)s, fûtes entré(e)(s), furent entré(e)s
Fut. Perf.	serai entré(e), seras entré(e), sera entré(e); serons entré(e)s, serez entré(e)(s), seront entré(e)s
Cond. Perf.	serais entré(e), serais entré(e), serait entré(e); serions entré(e)s, seriez entré(e)(s), seraient entré(e)s
Past Subj.	sois entré(e), sois entré(e), soit entré(e); soyons entré(e)s, soyez entré(e)(s), soient entré(e)s
Plup. Subj.	fusse entré(e), fusses entré(e), fût entré(e); fussions entré(e)s, fussiez entré(e)(s), fussent entré(e)s
Imperative	entre, entrons, entrez

*to enter,
come in,
go in*

Pres. Ind.	envoie, envoies, envoie; envoyons, envoyez, envoient	*to send*
Imp. Ind.	envoyais, envoyais, envoyait; envoyions, envoyiez, envoyaient	
Past Def.	envoyai, envoyas, envoya; envoyâmes, envoyâtes, envoyèrent	
Fut. Ind.	enverrai, enverras, enverra; enverrons, enverrez, enverront	
Condit.	enverrais, enverrais, enverrait; enverrions, enverriez, enverraient	
Pres. Subj.	envoie, envoies, envoie; envoyions, envoyiez, envoient	
Imp. Subj.	envoyasse, envoyasses, envoyât; envoyassions, envoyassiez, envoyassent	
Past Indef.	ai envoyé, as envoyé, a envoyé; avons envoyé, avez envoyé, ont envoyé	
Pluperf.	avais envoyé, avais envoyé, avait envoyé; avions envoyé, aviez envoyé, avaient envoyé	
Past Ant.	eus envoyé, eus envoyé, eut envoyé; eûmes envoyé, eûtes envoyé, eurent envoyé	
Fut. Perf.	aurai envoyé, auras envoyé, aura envoyé; aurons envoyé, aurez envoyé, auront envoyé	
Cond. *Perf.*	aurais envoyé, aurais envoyé, aurait envoyé; aurions envoyé, auriez envoyé, auraient envoyé	
Past Subj.	aie envoyé, aies envoyé, ait envoyé; ayons envoyé, ayez envoyé, aient envoyé	
Plup. Subj.	eusse envoyé, eusses envoyé, eût envoyé; eussions envoyé, eussiez envoyé, eussent envoyé	
Imperative	envoie, envoyons, envoyez	

Pres. Ind.	espère, espères, espère; espérons, espérez, espèrent	*to hope*
Imp. Ind.	espérais, espérais, espérait; espérions, espériez, espéraient	
Past Def.	espérai, espéras, espéra; espérâmes, espérâtes, espérèrent	
Fut. Ind.	espérerai, espéreras, espérera; espérerons, espérerez, espéreront	
Condit.	espérerais, espérerais, espérerait; espérerions, espéreriez, espéreraient	
Pres. Subj.	espère, espères, espère; espérions, espériez, espèrent	
Imp. Subj.	espérasse, espérasses, espérât; espérassions, espérassiez, espérassent	
Past Indef.	ai espéré, as espéré, a espéré; avons espéré, avez espéré, ont espéré	
Pluperf.	avais espéré, avais espéré, avait espéré; avions espéré, aviez espéré, avaient espéré	
Past Ant.	eus espéré, eus espéré, eut espéré; eûmes espéré, eûtes espéré, eurent espéré	
Fut. Perf.	aurai espéré, auras espéré, aura espéré; aurons espéré, aurez espéré, auront espéré	
Cond. *Perf.*	aurais espéré, aurais espéré, aurait espéré; aurions espéré, auriez espéré, auraient espéré	
Past Subj.	aie espéré, aies espéré, ait espéré; ayons espéré, ayez espéré, aient espéré	
Plup. Subj.	eusse espéré, eusses espéré, eût espéré; eussions espéré, eussiez espéré, eussent espéré	
Imperative	espère, espérons, espérez	

Pres. Ind.	essaye, essayes, essaye; essayons, essayez, essayent
Imp. Ind.	essayais, essayais, essayait; essayions, essayiez, essayaient
Past Def.	essayai, essayas, essaya; essayâmes, essayâtes, essayèrent
Fut. Ind.	essayerai, essayeras, essayera; essayerons, essayerez, essayeront
Condit.	essayerais, essayerais, essayerait; essayerions, essayeriez, essayeraient
Pres. Subj.	essaye, essayes, essaye; essayions, essayiez, essayent
Imp. Subj.	essayasse, essayasses, essayât; essayassions, essayassiez, essayassent
Past Indef.	ai essayé, as essayé, a essayé; avons essayé, avez essayé, ont essayé
Pluperf.	avais essayé, avais essayé, avait essayé; avions essayé, aviez essayé, avaient essayé
Past Ant.	eus essayé, eus essayé, eut essayé; eûmes essayé, eûtes essayé, eurent essayé
Fut. Perf.	aurai essayé, auras essayé, aura essayé; aurons essayé, aurez essayé, auront essayé
Cond. Perf.	aurais essayé, aurais essayé, aurait essayé; aurions essayé, auriez essayé, auraient essayé
Past Subj.	aie essayé, aies essayé, ait essayé; ayons essayé, ayez essayé, aient essayé
Plup. Subj.	eusse essayé, eusses essayé, eût essayé; eussions essayé, eussiez essayé, eussent essayé
Imperative	essaye, essayons, essayez

to try

Pres. Ind.	essuie, essuies, essuie; essuyons, essuyez, essuient	*to wipe*
Imp. Ind.	essuyais, essuyais, essuyait; essuyions, essuyiez, essuyaient	
Past Def.	essuyai, essuyas, essuya; essuyâmes, essuyâtes, essuyèrent	
Fut. Ind.	essuierai, essuieras, essuiera; essuierons, essuierez, essuieront	
Condit.	essuierais, essuierais, essuierait; essuierions, essuieriez, essuieraient	
Pres. Subj.	essuie, essuies, essuie; essuyions, essuyiez, essuient	
Imp. Subj.	essuyasse, essuyasses, essuyât; essuyassions, essuyassiez, essuyassent	
Past Indef.	ai essuyé, as essuyé, a essuyé; avons essuyé, avez essuyé, ont essuyé	
Pluperf.	avais essuyé, avais essuyé, avait essuyé; avions essuyé, aviez essuyé, avaient essuyé	
Past Ant.	eus essuyé, eus essuyé, eut essuyé; eûmes essuyé, eûtes essuyé, eurent essuyé	
Fut. Perf.	aurai essuyé, auras essuyé, aura essuyé; aurons essuyé, aurez essuyé, auront essuyé	
Cond. *Perf.*	aurais essuyé, aurais essuyé, aurait essuyé; aurions essuyé, auriez essuyé, auraient essuyé	
Past Subj.	aie essuyé, aies essuyé, ait essuyé; ayons essuyé, ayez essuyé, aient essuyé	
Plup. Subj.	eusse essuyé, eusses essuyé, eût essuyé; eussions essuyé, eussiez essuyé, eussent essuyé	
Imperative	essuie, essuyons, essuyez	

être

Pres. Ind.	suis, es, est; sommes, êtes, sont	*to be*
Imp. Ind.	étais, étais, était; étions, étiez, étaient	
Past Def.	fus, fus, fut; fûmes, fûtes, furent	
Fut. Ind.	serai, seras, sera; serons, serez, seront	
Condit.	serais, serais, serait; serions, seriez, seraient	
Pres. Subj.	sois, sois, soit; soyons, soyez, soient	
Imp. Subj.	fusse, fusses, fût; fussions, fussiez, fussent	
Past Indef.	ai été, as été, a été; avons été, avez été, ont été	
Pluperf.	avais été, avais été, avait été; avions été, aviez été, avaient été	
Past Ant.	eus été, eus été, eut été; eûmes été, eûtes été, eurent été	
Fut. Perf.	aurai été, auras été, aura été; aurons été, aurez été, auront été	
Cond. Perf.	aurais été, aurais été, aurait été; aurions été, auriez été, auraient été	
Past Subj.	aie été, aies été, ait été; ayons été, ayez été, aient été	
Plup. Subj.	eusse été, eusses été, eût été; eussions été, eussiez été, eussent été	
Imperative	sois, soyons, soyez	

Pres. Ind.	étudie, étudies, étudie; étudions, étudiez, étudient
Imp. Ind.	étudiais, étudiais, étudiait; étudiions, étudiiez, étudiaient
Past Def.	étudiai, étudias, étudia; étudiâmes, étudiâtes, étudièrent
Fut. Ind.	étudierai, étudieras, étudiera; étudierons, étudierez, étudieront
Condit.	étudierais, étudierais, étudierait; étudierions, étudieriez, étudieraient
Pres. Subj.	étudie, étudies, étudie; étudiions, étudiiez, étudient
Imp. Subj.	étudiasse, étudiasses, étudiât; étudiassions, étudiassiez, étudiassent
Past Indef.	ai étudié, as étudié, a étudié; avons étudié, avez étudié, ont étudié
Pluperf.	avais étudié, avais étudié, avait étudié; avions étudié, aviez étudié, avaient étudié
Past Ant.	eus étudié, eus étudié, eut étudié; eûmes étudié, eûtes étudié, eurent étudié
Fut. Perf.	aurai étudié, auras étudié, aura étudié; aurons étudié, aurez étudié, auront étudié
Cond. *Perf.*	aurais étudié, aurais étudié, aurait étudié; aurions étudié, auriez étudié, auraient étudié
Past Subj.	aie étudié, aies étudié, ait étudié; ayons étudié, ayez étudié, aient étudié
Plup. Subj.	eusse étudié, eusses étudié, eût étudié; eussions étudié, eussiez étudié, eussent étudié
Imperative	étudie, étudions, étudiez

to study

Pres. Ind.	me fâche, te fâches, se fâche; nous fâchons, vous fâchez, se fâchent
Imp. Ind.	me fâchais, te fâchais, se fâchait; nous fâchions, vous fâchiez, se fâchaient
Past Def.	me fâchai, te fâchas, se fâcha; nous fâchâmes, vous fâchâtes, se fâchèrent
Fut. Ind.	me fâcherai, te fâcheras, se fâchera; nous fâcherons, vous fâcherez, se fâcheront
Condit.	me fâcherais, te fâcherais, se fâcherait; nous fâcherions, vous fâcheriez, se fâcheraient
Pres. Subj.	me fâche, te fâches, se fâche; nous fâchions, vous fâchiez, se fâchent
Imp. Subj.	me fâchasse, te fâchasses, se fâchât; nous fâchassions, vous fâchassiez, se fâchassent
Past Indef.	me suis fâché(e), t'es fâché(e), s'est fâché(e); nous sommes fâché(e)s, vous êtes fâché(e)(s), se sont fâché(e)s
Pluperf.	m'étais fâché(e), t'étais fâché(e), s'était fâché(e); nous étions fâché(e)s, vous étiez fâché(e)(s), s'étaient fâché(e)s
Past Ant.	me fus fâché(e), te fus fâché(e), se fut fâché(e); nous fûmes fâché(e)s, vous fûtes fâché(e)(s), se furent fâché(e)s
Fut. Perf.	me serai fâché(e), te seras fâché(e), se sera fâché(e); nous serons fâché(e)s, vous serez fâché(e)(s), se seront fâché(e)s
Cond. Perf.	me serais fâché(e), te serais fâché(e), se serait fâché(e); nous serions fâché(e)s, vous seriez fâché(e)(s), se seraient fâché(e)s
Past Subj.	me sois fâché(e), te sois fâché(e), se soit fâché(e); nous soyons fâché(e)s, vous soyez fâché(e)(s), se soient fâché(e)s
Plup. Subj.	me fusse fâché(e), te fusses fâché(e), se fût fâché(e); nous fussions fâché(e)s, vous fussiez fâché(e)(s), se fussent fâché(e)s
Imperative	fâche-toi, fâchons-nous, fâchez-vous [ordinarily not used]

*to become angry,
get angry*

Pres. Ind.	faux, faux, faut; faillons, faillez, faillent	*to fail*
Imp. Ind.	faillais, faillais, faillait; faillions, failliez, faillaient	
Past Def.	faillis, faillis, faillit; faillîmes, faillîtes, faillirent	
Fut. Ind.	faillirai, failliras, faillira; OR: faudrai, faudras, faudra; faillirons, faillirez, failliront faudrons, faudrez, faudront	
Condit.	faillirais, faillirais, faillirait; OR: faudrais, faudrais, faudrait; faillirions, failliriez, failliraient faudrions, faudriez, faudraient	
Pres. Subj.	faille, failles, faille; faillions, failliez, faillent	
Imp. Subj.	faillisse, faillisses, faillît; faillissions, faillissiez, faillissent	
Past Indef.	ai failli, as failli, a failli; avons failli, avez failli, ont failli	
Pluperf.	avais failli, avais failli, avait failli; avions failli, aviez failli, avaient failli	
Past Ant.	eus failli, eus failli, eut failli; eûmes failli, eûtes failli, eurent failli	
Fut. Perf.	aurai failli, auras failli, aura failli; aurons failli, aurez failli, auront failli	
Cond. *Perf.*	aurais failli, aurais failli, aurait failli; aurions failli, auriez failli, auraient failli	
Past Subj.	aie failli, aies failli, ait failli; ayons failli, ayez failli, aient failli	
Plup. Subj.	eusse failli, eusses failli, eût failli; eussions failli, eussiez failli, eussent failli	
Imperative	——	

94

Pres. Ind.	fais, fais, fait; faisons, faites, font	
Imp. Ind.	faisais, faisais, faisait; faisions, faisiez, faisaient	*to do,*
Past Def.	fis, fis, fit; fîmes, fîtes, firent	*make*
Fut. Ind.	ferai, feras, fera; ferons, ferez, feront	
Condit.	ferais, ferais, ferait; ferions, feriez, feraient	
Pres. Subj.	fasse, fasses, fasse; fassions, fassiez, fassent	
Imp. Subj.	fisse, fisses, fît; fissions, fissiez, fissent	
Past Indef.	ai fait, as fait, a fait; avons fait, avez fait, ont fait	
Pluperf.	avais fait, avais fait, avait fait; avions fait, aviez fait, avaient fait	
Past Ant.	eus fait, eus fait, eut fait; eûmes fait, eûtes fait, eurent fait	
Fut. Perf.	aurai fait, auras fait, aura fait; aurons fait, aurez fait, auront fait	
Cond. *Perf.*	aurais fait, aurais fait, aurait fait; aurions fait, auriez fait, auraient fait	
Past Subj.	aie fait, aies fait, ait fait; ayons fait, ayez fait, aient fait	
Plup. Subj.	eusse fait, eusses fait, eût fait; eussions fait, eussiez fait, eussent fait	
Imperative	fais, faisons, faites	

Pres. Ind.	il faut	
Imp. Ind.	il fallait	
Past Def.	il fallut	
Fut. Ind.	il faudra	
Condit.	il faudrait	
Pres. Subj.	il faille	
Imp. Subj.	il fallût	
Past Indef.	il a fallu	
Pluperf.	il avait fallu	
Past Ant.	il eut fallu	
Fut. Perf.	il aura fallu	
Cond. Perf.	il aurait fallu	
Past Subj.	il ait fallu	
Plup. Subj.	il eût fallu	
Imperative	——	

to be necessary,
must

Pres. Ind.	finis, finis, finit; finissons, finissez, finissent
Imp. Ind.	finissais, finissais, finissait; finissions, finissiez, finissaient
Past Def.	finis, finis, finit; finîmes, finîtes, finirent
Fut. Ind.	finirai, finiras, finira; finirons, finirez, finiront
Condit.	finirais, finirais, finirait; finirions, finiriez, finiraient
Pres. Subj.	finisse, finisses, finisse; finissions, finissiez, finissent
Imp. Subj.	finisse, finisses, finît; finissions, finissiez, finissent
Past Indef.	ai fini, as fini, a fini; avons fini, avez fini, ont fini
Pluperf.	avais fini, avais fini, avait fini; avions fini, aviez fini, avaient fini
Past Ant.	eus fini, eus fini, eut fini; eûmes fini, eûtes fini, eurent fini
Fut. Perf.	aurai fini, auras fini, aura fini; aurons fini, aurez fini, auront fini
Cond. *Perf.*	aurais fini, aurais fini, aurait fini; aurions fini, auriez fini, auraient fini
Past Subj.	aie fini, aies fini, ait fini; ayons fini, ayez fini, aient fini
Plup. Subj.	eusse fini, eusses fini, eût fini; eussions fini, eussiez fini, eussent fini
Imperative	finis, finissons, finissez

to finish, end,
terminate, complete

Pres. Ind.	fuis, fuis, fuit; fuyons, fuyez, fuient	*to flee,*
Imp. Ind.	fuyais, fuyais, fuyait; fuyions, fuyiez, fuyaient	*fly*
Past Def.	fuis, fuis, fuit; fuîmes, fuîtes, fuirent	
Fut. Ind.	fuirai, fuiras, fuira; fuirons, fuirez, fuiront	
Condit.	fuirais, fuirais, fuirait; fuirions, fuiriez, fuiraient	
Pres. Subj.	fuie, fuies, fuie; fuyions, fuyiez, fuient	
Imp. Subj.	fuisse, fuisses, fuît; fuissions, fuissiez, fuissent	
Past Indef.	ai fui, as fui, a fui; avons fui, avez fui, ont fui	
Pluperf.	avais fui, avais fui, avait fui; avions fui, aviez fui, avaient fui	
Past Ant.	eus fui, eus fui, eut fui; eûmes fui, eûtes fui, eurent fui	
Fut. Perf.	aurai fui, auras fui, aura fui; aurons fui, aurez fui, auront fui	
Cond. *Perf.*	aurais fui, aurais fui, aurait fui; aurions fui, auriez fui, auraient fui	
Past Subj.	aie fui, aies fui, ait fui; ayons fui, ayez fui, aient fui	
Plup. Subj.	eusse fui, eusses fui, eût fui; eussions fui, eussiez fui, eussent fui	
Imperative	fuis, fuyons, fuyez	

gagner

Pres. Ind.	gagne, gagnes, gagne; gagnons, gagnez, gagnent
Imp. Ind.	gagnais, gagnais, gagnait; gagnions, gagniez, gagnaient
Past Def.	gagnai, gagnas, gagna; gagnâmes, gagnâtes, gagnèrent
Fut. Ind.	gagnerai, gagneras, gagnera; gagnerons, gagnerez, gagneront
Condit.	gagnerais, gagnerais, gagnerait; gagnerions, gagneriez, gagneraient
Pres. Subj.	gagne, gagnes, gagne; gagnions, gagniez, gagnent
Imp. Subj.	gagnasse, gagnasses, gagnât; gagnassions, gagnassiez, gagnassent
Past Indef.	ai gagné, as gagné, a gagné; avons gagné, avez gagné, ont gagné
Pluperf.	avais gagné, avais gagné, avait gagné; avions gagné, aviez gagné, avaient gagné
Past Ant.	eus gagné, eus gagné, eut gagné; eûmes gagné, eûtes gagné, eurent gagné
Fut. Perf.	aurai gagné, auras gagné, aura gagné; aurons gagné, aurez gagné, auront gagné
Cond. Perf.	aurais gagné, aurais gagné, aurait gagné; aurions gagné, auriez gagné, auraient gagné
Past Subj.	aie gagné, aies gagné, ait gagné; ayons gagné, ayez gagné, aient gagné
Plup. Subj.	eusse gagné, eusses gagné, eût gagné; eussions gagné, eussiez gagné, eussent gagné
Imperative	gagne, gagnons, gagnez

*to win,
earn,
gain*

goûter

Pres. Ind.	goûte, goûtes, goûte; goûtons, goûtez, goûtent	*to taste*
Imp. Ind.	goûtais, goûtais, goûtait; goûtions, goûtiez, goûtaient	
Past Def.	goûtai, goûtas, goûta; goûtâmes, goûtâtes, goûtèrent	
Fut. Ind.	goûterai, goûteras, goûtera; goûterons, goûterez, goûteront	
Condit.	goûterais, goûterais, goûterait; goûterions, goûteriez, goûteraient	
Pres. Subj.	goûte, goûtes, goûte; goûtions, goûtiez, goûtent	
Imp. Subj.	goûtasse, goûtasses, goûtât; goûtassions, goûtassiez, goûtassent	
Past Indef.	ai goûté, as goûté, a goûté; avons goûté, avez goûté, ont goûté	
Pluperf.	avais goûté, avais goûté, avait goûté; avions goûté, aviez goûté, avaient goûté	
Past Ant.	eus goûté, eus goûté, eut goûté; eûmes goûté, eûtes goûté, eurent goûté	
Fut. Perf.	aurai goûté, auras goûté, aura goûté; aurons goûté, aurez goûté, auront goûté	
Cond. *Perf.*	aurais goûté, aurais goûté, aurait goûté; aurions goûté, auriez goûté, auraient goûté	
Past Subj.	aie goûté, aies goûté, ait goûté; ayons goûté, ayez goûté, aient goûté	
Plup. Subj.	eusse goûté, eusses goûté, eût goûté; eussions goûté, eussiez goûté, eussent goûté	
Imperative	goûte, goûtons, goûtez	

Pres. Ind.	guéris, guéris, guérit; guérissons, guérissez, guérissent	*to cure*
Imp. Ind.	guérissais, guérissais, guérissait; guérissions, guérissiez, guérissaient	
Past Def.	guéris, guéris, guérit; guérîmes, guérîtes, guérirent	
Fut. Ind.	guérirai, guériras, guérira; guérirons, guérirez, guériront	
Condit.	guérirais, guérirais, guérirait; guéririons, guéririez, guériraient	
Pres. Subj.	guérisse, guérisses, guérisse; guérissions, guérissiez, guérissent	
Imp. Subj.	guérisse, guérisses, guérît; guérissions, guérissiez, guérissent	
Past Indef.	ai guéri, as guéri, a guéri; avons guéri, avez guéri, ont guéri	
Pluperf.	avais guéri, avais guéri, avait guéri; avions guéri, aviez guéri, avaient guéri	
Past Ant.	eus guéri, eus guéri, eut guéri; eûmes guéri, eûtes guéri, eürent guéri	
Fut. Perf.	aurai guéri, auras guéri, aura guéri; aurons guéri, aurez guéri, auront guéri	
Cond. *Perf.*	aurais guéri, aurais guéri, aurait guéri; aurions guéri, auriez guéri, auraient guéri	
Past Subj.	aie guéri, aies guéri, ait guéri; ayons guéri, ayez guéri, aient guéri	
Plup. Subj.	eusse guéri, eusses guéri, eût guéri; eussions guéri, eussiez guéri, eussent guéri	
Imperative	guéris, guérissons, guérissez	

Pres. Ind.	m'habille, t'habilles, s'habille; nous habillons, vous habillez, s'habillent	*to get dressed,*
Imp. Ind.	m'habillais, t'habillais, s'habillait; nous habillions, vous habilliez, s'habillaient	*to dress*
Past Def.	m'habillai, t'habillas, s'habilla; nous habillâmes, vous habillâtes, s'habillèrent	
Fut. Ind.	m'habillerai, t'habilleras, s'habillera; nous habillerons, vous habillerez, s'habilleront	
Condit.	m'habillerais, t'habillerais, s'habillerait; nous habillerions, vous habilleriez, s'habilleraient	
Pres. Subj.	m'habille, t'habilles, s'habille; nous habillions, vous habilliez, s'habillent	
Imp. Subj.	m'habillasse, t'habillasses, s'habillât; nous habillassions, vous habillassiez, s'habillassent	
Past Indef.	me suis habillé(e), t'es habillé(e), s'est habillé(e); nous sommes habillé(e)s, vous êtes habillé(e)(s), se sont habillé(e)s	
Pluperf.	m'étais habillé(e), t'étais habillé(e), s'était habillé(e); nous étions habillé(e)s, vous étiez habillé(e)(s), s'étaient habillé(e)s	
Past Ant.	me fus habillé(e), te fus habillé(e), se fut habillé(e); nous fûmes habillé(e)s, vous fûtes habillé(e)(s), se furent habillé(e)s	
Fut. Perf.	me serai habillé(e), te seras habillé(e), se sera habillé(e); nous serons habillé(e)s, vous serez habillé(e)(s), se seront habillé(e)s	
Cond. *Perf.*	me serais habillé(e), te serais habillé(e), se serait habillé(e); nous serions habillé(e)s, vous seriez habillé(e)(s), se seraient habillé(e)s	
Past Subj.	me sois habillé(e), te sois habillé(e), se soit habillé(e); nous soyons habillé(e)s, vous soyez habillé(e)(s), se soient habillé(e)s	
Plup. Subj.	me fusse habillé(e), te fusses habillé(e), se fût habillé(e); nous fussions habillé(e)s, vous fussiez habillé(e)(s), se fussent habillé(e)s	
Imperative	habille-toi, habillons-nous, habillez-vous	

Pres. Ind.	habite, habites, habite; habitons, habitez, habitent	*to live (in)*
Imp. Ind.	habitais, habitais, habitait; habitions, habitiez, habitaient	
Past Def.	habitai, habitas, habita; habitâmes, habitâtes, habitèrent	
Fut. Ind.	habiterai, habiteras, habitera; habiterons, habiterez, habiteront	
Condit.	habiterais, habiterais, habiterait; habiterions, habiteriez, habiteraient	
Pres. Subj.	habite, habites, habite; habitions, habitiez, habitent	
Imp. Subj.	habitasse, habitasses, habitât; habitassions, habitassiez, habitassent	
Past Indef.	ai habité, as habité, a habité; avons habité, avez habité, ont habité	
Pluperf.	avais habité, avais habité, avait habité; avions habité, aviez habité, avaient habité	
Past Ant.	eus habité, eus habité, eut habité; eûmes habité, eûtes habité, eurent habité	
Fut. Perf.	aurai habité, auras habité, aura habité; aurons habité, aurez habité, auront habité	
Cond. *Perf.*	aurais habité, aurais habité, aurait habité; aurions habité, auriez habité, auraient habité	
Past Subj.	aie habité, aies habité, ait habité; ayons habité, ayez habité, aient habité	
Plup. Subj.	eusse habité, eusses habité, eût habité; eussions habité, eussiez habité, eussent habité	
Imperative	habite, habitons, habitez	

103

Pres. Ind.	hais, hais, hait; haïssons, haïssez, haïssent	*to hate*
Imp. Ind.	haïssais, haïssais, haïssait; haïssions, haïssiez, haïssaient	
Past Def.	haïs, haïs, haït; haïmes, haïtes, haïrent	
Fut. Ind.	haïrai, haïras, haïra; haïrons, haïrez, haïront	
Condit.	haïrais, haïrais, haïrait; haïrions, haïriez, haïraient	
Pres. Subj.	haïsse, haïsses, haïsse; haïssions, haïssiez, haïssent	
Imp. Subj.	haïsse, haïsses, haït; haïssions, haïssiez, haïssent	
Past Indef.	ai haï, as haï, a haï; avons haï, avez haï, ont haï	
Pluperf.	avais haï, avais haï, avait haï; avions haï, aviez haï, avaient haï	
Past Ant.	eus haï, eus haï, eut haï; eûmes haï, eûtes haï, eurent haï	
Fut. Perf.	aurai haï, auras haï, aura haï; aurons haï, aurez haï, auront haï	
Cond. *Perf.*	aurais haï, aurais haï, aurait haï; aurions haï, auriez haï, auraient haï	
Past Subj.	aie haï, aies haï, ait haï; ayons haï, ayez haï, aient haï	
Plup. Subj.	eusse haï, eusses haï, eût haï; eussions haï, eussiez haï, eussent haï	
Imperative	hais, haïssons, haïssez	

Pres. Ind.	interroge, interroges, interroge; interrogeons, interrogez, interrogent	*to interrogate,*
Imp. Ind.	interrogeais, interrogeais, interrogeait; interrogions, interrogiez, interrogeaient	*question, examine*
Past Def.	interrogeai, interrogeas, interrogea; interrogeâmes, interrogeâtes, interrogèrent	
Fut. Ind.	interrogerai, interrogeras, interrogera; interrogerons, interrogerez, interrogeront	
Condit.	interrogerais, interrogerais, interrogerait; interrogerions, interrogeriez, interrogeraient	
Pres. Subj.	interroge, interroges, interroge; interrogions, interrogiez, interrogent	
Imp. Subj.	interrogeasse, interrogeasses, interrogeât; interrogeassions, interrogeassiez, interrogeassent	
Past Indef.	ai interrogé, as interrogé, a interrogé; avons interrogé, avez interrogé, ont interrogé	
Pluperf.	avais interrogé, avais interrogé, avait interrogé; avions interrogé, aviez interrogé, avaient interrogé	
Past Ant.	eus interrogé, eus interrogé, eut interrogé; eûmes interrogé, eûtes interrogé, eurent interrogé	
Fut. Perf.	aurai interrogé, auras interrogé, aura interrogé; aurons interrogé, aurez interrogé, auront interrogé	
Cond. Perf.	aurais interrogé, aurais interrogé, aurait interrogé; aurions interrogé, auriez interrogé, auraient interrogé	
Past Subj.	aie interrogé, aies interrogé, ait interrogé; ayons interrogé, ayez interrogé, aient interrogé	
Plup. Subj.	eusse interrogé, eusses interrogé, eût interrogé; eussions interrogé, eussiez interrogé, eussent interrogé	
Imperative	interroge, interrogeons, interrogez	

Pres. Ind.	interromps, interromps, interrompt; interrompons, interrompez, interrompent
Imp. Ind.	interrompais, interrompais, interrompait; interrompions, interrompiez, interrompaient
Past Def.	interrompis, interrompis, interrompit; interrompîmes, interrompîtes, interrompirent
Fut. Ind.	interromprai, interrompras, interrompra; interromprons, interromprez, interrompront
Condit.	interromprais, interromprais, interromprait; interromprions, interrompriez, interrompraient
Pres. Subj.	interrompe, interrompes, interrompe; interrompions, interrompiez, interrompent
Imp. Subj.	interrompisse, interrompisses, interrompît; interrompissions, interrompissiez, interrompissent
Past Indef.	ai interrompu, as interrompu, a interrompu; avons interrompu, avez interrompu, ont interrompu
Pluperf.	avais interrompu, avais interrompu, avait interrompu; avions interrompu, aviez interrompu, avaient interrompu
Past Ant.	eus interrompu, eus interrompu, eut interrompu; eûmes interrompu, eûtes interrompu, eurent interrompu
Fut. Perf.	aurai interrompu, auras interrompu, aura interrompu; aurons interrompu, aurez interrompu, auront interrompu
Cond. Perf.	aurais interrompu, aurais interrompu, aurait interrompu; aurions interrompu, auriez interrompu, auraient interrompu
Past Subj.	aie interrompu, aies interrompu, ait interrompu; ayons interrompu, ayez interrompu, aient interrompu
Plup. Subj.	eusse interrompu, eusses interrompu, eût interrompu; eussions interrompu, eussiez interrompu, eussent interrompu
Imperative	interromps, interrompons, interrompez

to interrupt

106

Pres. Ind.	jette, jettes, jette; jetons, jetez, jettent	*to throw,*
Imp. Ind.	jetais, jetais, jetait; jetions, jetiez, jetaient	*cast*
Past Def.	jetai, jetas, jeta; jetâmes, jetâtes, jetèrent	
Fut. Ind.	jetterai, jetteras, jettera; jetterons, jetterez, jetteront	
Condit.	jetterais, jetterais, jetterait; jetterions, jetteriez, jetteraient	
Pres. Subj.	jette, jettes, jette; jetions, jetiez, jettent	
Imp. Subj.	jetasse, jetasses, jetât; jetassions, jetassiez, jetassent	
Past Indef.	ai jeté, as jeté, a jeté; avons jeté, avez jeté, ont jeté	
Pluperf.	avais jeté, avais jeté, avait jeté; avions jeté, aviez jeté, avaient jeté	
Past Ant.	eus jeté, eus jeté, eut jeté; eûmes jeté, eûtes jeté, eurent jeté	
Fut. Perf.	aurai jeté, auras jeté, aura jeté; aurons jeté, aurez jeté, auront jeté	
Cond. *Perf.*	aurais jeté, aurais jeté, aurait jeté; aurions jeté, auriez jeté, auraient jeté	
Past Subj.	aie jeté, aies jeté, ait jeté; ayons jeté, ayez jeté, aient jeté	
Plup. Subj.	eusse jeté, eusses jeté, eût jeté; eussions jeté, eussiez jeté, eussent jeté	
Imperative	jette, jetons, jetez	

Pres. Ind.	joins, joins, joint; joignons, joignez, joignent	*to join*
Imp. Ind.	joignais, joignais, joignait; joignions, joigniez, joignaient	
Past Def.	joignis, joignis, joignit; joignîmes, joignîtes, joignirent	
Fut. Ind.	joindrai, joindras, joindra; joindrons, joindrez, joindront	
Condit.	joindrais, joindrais, joindrait; joindrions, joindriez, joindraient	
Pres. Subj.	joigne, joignes, joigne; joignions, joigniez, joignent	
Imp. Subj.	joignisse, joignisses, joignît; joignissions, joignissiez, joignissent	
Past Indef.	ai joint, as joint, a joint; avons joint, avez joint, ont joint	
Pluperf.	avais joint, avais joint, avait joint; avions joint, aviez joint, avaient joint	
Past Ant.	eus joint, eus joint, eut joint; eûmes joint, eûtes joint, eurent joint	
Fut. Perf.	aurai joint, auras joint, aura joint; aurons joint, aurez joint, auront joint	
Cond. *Perf.*	aurais joint, aurais joint, aurait joint; aurions joint, auriez joint, auraient joint	
Past Subj.	aie joint, aies joint, ait joint; ayons joint, ayez joint, aient joint	
Plup. Subj.	eusse joint, eusses joint, eût joint; eussions joint, eussiez joint, eussent joint	
Imperative	joins, joignons, joignez	

Pres. Ind.	joue, joues, joue; jouons, jouez, jouent

to play

Imp. Ind. jouais, jouais, jouait;
jouions, jouiez, jouaient

Past Def. jouai, jouas, joua;
jouâmes, jouâtes, jouèrent

Fut. Ind. jouerai, joueras, jouera;
jouerons, jouerez, joueront

Condit. jouerais, jouerais, jouerait;
jouerions, joueriez, joueraient

Pres. Subj. joue, joues, joue;
jouions, jouiez, jouent

Imp. Subj. jouasse, jouasses, jouât;
jouassions, jouassiez, jouassent

Past Indef. ai joué, as joué, a joué;
avons joué, avez joué, ont joué

Pluperf. avais joué, avais joué, avait joué;
avions joué, aviez joué, avaient joué

Past Ant. eus joué, eus joué, eut joué;
eûmes joué, eûtes joué, eurent joué

Fut. Perf. aurai joué, auras joué, aura joué;
aurons joué, aurez joué, auront joué

Cond. Perf. aurais joué, aurais joué, aurait joué;
aurions joué, auriez joué, auraient joué

Past Subj. aie joué, aies joué, ait joué;
ayons joué, ayez joué, aient joué

Plup. Subj. eusse joué, eusses joué, eût joué;
eussions joué, eussiez joué, eussent joué

Imperative joue, jouons, jouez

Pres. Ind.	juge, juges, juge;	
	jugeons, jugez, jugent	*to judge*
Imp. Ind.	jugeais, jugeais, jugeait;	
	jugions, jugiez, jugeaient	
Past Def.	jugeai, jugeas, jugea;	
	jugeâmes, jugeâtes, jugèrent	
Fut. Ind.	jugerai, jugeras, jugera;	
	jugerons, jugerez, jugeront	
Condit.	jugerais, jugerais, jugerait;	
	jugerions, jugeriez, jugeraient	
Pres. Subj.	juge, juges, juge;	
	jugions, jugiez, jugent	
Imp. Subj.	jugeasse, jugeasses, jugeât;	
	jugeassions, jugeassiez, jugeassent	
Past Indef.	ai jugé, as jugé, a jugé;	
	avons jugé, avez jugé, ont jugé	
Pluperf.	avais jugé, avais jugé, avait jugé;	
	avions jugé, aviez jugé, avaient jugé	
Past Ant.	eus jugé, eus jugé, eut jugé;	
	eûmes jugé, eûtes jugé, eurent jugé	
Fut. Perf.	aurai jugé, auras jugé, aura jugé;	
	aurons jugé, aurez jugé, auront jugé	
Cond.	aurais jugé, aurais jugé, aurait jugé;	
Perf.	aurions jugé, auriez jugé, auraient jugé	
Past Subj.	aie jugé, aies jugé, ait jugé;	
	ayons jugé, ayez jugé, aient jugé	
Plup. Subj.	eusse jugé, eusses jugé, eût jugé;	
	eussions jugé, eussiez jugé, eussent jugé	
Imperative	juge, jugeons, jugez	

Pres. Ind.	laisse, laisses, laisse; laissons, laissez, laissent
Imp. Ind.	laissais, laissais, laissait; laissions, laissiez, laissaient
Past Def.	laissai, laissas, laissa; laissâmes, laissâtes, laissèrent
Fut. Ind.	laisserai, laisseras, laissera; laisserons, laisserez, laisseront
Condit.	laisserais, laisserais, laisserait; laisserions, laisseriez, laisseraient
Pres. Subj.	laisse, laisses, laisse; laissions, laissiez, laissent
Imp. Subj.	laissasse, laissasses, laissât; laissassions, laissassiez, laissassent
Past Indef.	ai laissé, as laissé, a laissé; avons laissé, avez laissé, ont laissé
Pluperf.	avais laissé, avais laissé, avait laissé; avions laissé, aviez laissé, avaient laissé
Past Ant.	eus laissé, eus laissé, eut laissé; eûmes laissé, eûtes laissé, eurent laissé
Fut. Perf.	aurai laissé, auras laissé, aura laissé; aurons laissé, aurez laissé, auront laissé
Cond. Perf.	aurais laissé, aurais laissé, aurait laissé; aurions laissé, auriez laissé, auraient laissé
Past Subj.	aie laissé, aies laissé, ait laissé; ayons laissé, ayez laissé, aient laissé
Plup. Subj.	eusse laissé, eusses laissé, eût laissé; eussions laissé, eussiez laissé, eussent laissé
Imperative	laisse, laissons, laissez

to leave

Pres. Ind.	me lave, te laves, se lave; nous lavons, vous lavez, se lavent	*to wash oneself*
Imp. Ind.	me lavais, te lavais, se lavait; nous lavions, vous laviez, se lavaient	
Past Def.	me lavai, te lavas, se lava; nous lavâmes, vous lavâtes, se lavèrent	
Fut. Ind.	me laverai, te laveras, se lavera; nous laverons, vous laverez, se laveront	
Condit.	me laverais, te laverais, se laverait; nous laverions, vous laveriez, se laveraient	
Pres. Subj.	me lave, te laves, se lave; nous lavions, vous laviez, se lavent	
Imp. Subj.	me lavasse, te lavasses, se lavât; nous lavassions, vous lavassiez, se lavassent	
Past Indef.	me suis lavé(e), t'es lavé(e), s'est lavé(e); nous sommes lavé(e)s, vous êtes lavé(e)(s), se sont lavé(e)s	
Pluperf.	m'étais lavé(e), t'étais lavé(e), s'était lavé(e); nous étions lavé(e)s, vous étiez lavé(e)(s), s'étaient lavé(e)s	
Past Ant.	me fus lavé(e), te fus lavé(e), se fut lavé(e); nous fûmes lavé(e)s, vous fûtes lavé(e)(s), se furent lavé(e)s	
Fut. Perf.	me serai lavé(e), te seras lavé(e), se sera lavé(e); nous serons lavé(e)s, vous serez lavé(e)(s), se seront lavé(e)s	
Cond. *Perf.*	me serais lavé(e), te serais lavé(e), se serait lavé(e); nous serions lavé(e)s, vous seriez lavé(e)(s), se seraient lavé(e)s	
Past Subj.	me sois lavé(e), te sois lavé(e), se soit lavé(e); nous soyons lavé(e)s, vous soyez lavé(e)(s), se soient lavé(e)s	
Plup. Subj.	me fusse lavé(e), te fusses lavé(e), se fût lavé(e); nous fussions lavé(e)s, vous fussiez lavé(e)(s), se fussent lavé(e)s	
Imperative	lave-toi, lavons-nous, lavez-vous	

112

Pres. Ind.	me lève, te lèves, se lève; nous levons, vous levez, se lèvent
Imp. Ind.	me levais, te levais, se levait; nous levions, vous leviez, se levaient
Past Def.	me levai, te levas, se leva; nous levâmes, vous levâtes, se levèrent
Fut. Ind.	me lèverai, te lèveras, se lèvera; nous lèverons, vous lèverez, se lèveront
Condit.	me lèverais, te lèverais, se lèverait; nous lèverions, vous lèveriez, se lèveraient
Pres. Subj.	me lève, te lèves, se lève; nous levions, vous leviez, se lèvent
Imp. Subj.	me levasse, te levasses, se levât; nous levassions, vous levassiez, se levassent
Past Indef.	me suis levé(e), t'es levé(e), s'est levé(e); nous sommes levé(e)s, vous êtes levé(e)(s), se sont levé(e)s
Pluperf.	m'étais levé(e), t'étais levé(e), s'était levé(e); nous étions levé(e)s, vous étiez levé(e)(s), s'étaient levé(e)s
Past Ant.	me fus levé(e), te fus levé(e), se fut levé(e); nous fûmes levé(e)s, vous fûtes levé(e)(s), se furent levé(e)s
Fut. Perf.	me serai levé(e), te seras levé(e), se sera levé(e); nous serons levé(e)s, vous serez levé(e)(s), se seront levé(e)s
Cond. *Perf.*	me serais levé(e), te serais levé(e), se serait levé(e); nous serions levé(e)s, vous seriez levé(e)(s), se seraient levé(e)s
Past Subj.	me sois levé(e), te sois levé(e), se soit levé(e); nous soyons levé(e)s, vous soyez levé(e)(s), se soient levé(e)s
Plup. Subj.	me fusse levé(e), te fusses levé(e), se fût levé(e); nous fussions levé(e)s, vous fussiez levé(e)(s), se fussent levé(e)s
Imperative	lève-toi, levons-nous, levez-vous

to get up

Pres. Ind.	lis, lis, lit; lisons, lisez, lisent	*to read*
Imp. Ind.	lisais, lisais, lisait; lisions, lisiez, lisaient	
Past Def.	lus, lus, lut; lûmes, lûtes, lurent	
Fut. Ind.	lirai, liras, lira; lirons, lirez, liront	
Condit.	lirais, lirais, lirait; lirions, liriez, liraient	
Pres. Subj.	lise, lises, lise; lisions, lisiez, lisent	
Imp. Subj.	lusse, lusses, lût; lussions, lussiez, lussent	
Past Indef.	ai lu, as lu, a lu; avons lu, avez lu, ont lu	
Pluperf.	avais lu, avais lu, avait lu; avions lu, aviez lu, avaient lu	
Past Ant.	eus lu, eus lu, eut lu; eûmes lu, eûtes lu, eurent lu	
Fut. Perf.	aurai lu, auras lu, aura lu; aurons lu, aurez lu, auront lu	
Cond. *Perf.*	aurais lu, aurais lu, aurait lu; aurions lu, auriez lu, auraient lu	
Past Subj.	aie lu, aies lu, ait lu; ayons lu, ayez lu, aient lu	
Plup. Subj.	eusse lu, eusses lu, eût lu; eussions lu, eussiez lu, eussent lu	
Imperative	lis, lisons, lisez	

Pres. Ind.	mange, manges, mange; mangeons, mangez, mangent	*to eat*
Imp. Ind.	mangeais, mangeais, mangeait; mangions, mangiez, mangeaient	
Past Def.	mangeai, mangeas, mangea; mangeâmes, mangeâtes, mangèrent	
Fut. Ind.	mangerai, mangeras, mangera; mangerons, mangerez, mangeront	
Condit.	mangerais, mangerais, mangerait; mangerions, mangeriez, mangeraient	
Pres. Subj.	mange, manges, mange; mangions, mangiez, mangent	
Imp. Subj.	mangeasse, mangeasses, mangeât; mangeassions, mangeassiez, mangeassent	
Past Indef.	ai mangé, as mangé, a mangé; avons mangé, avez mangé, ont mangé	
Pluperf.	avais mangé, avais mangé, avait mangé; avions mangé, aviez mangé, avaient mangé	
Past Ant.	eus mangé, eus mangé, eut mangé; eûmes mangé, eûtes mangé, eurent mangé	
Fut. Perf.	aurai mangé, auras mangé, aura mangé; aurons mangé, aurez mangé, auront mangé	
Cond. Perf.	aurais mangé, aurais mangé, aurait mangé; aurions mangé, auriez mangé, auraient mangé	
Past Subj.	aie mangé, aies mangé, ait mangé; ayons mangé, ayez mangé, aient mangé	
Plup. Subj.	eusse mangé, eusses mangé, eût mangé; eussions mangé, eussiez mangé, eussent mangé	
Imperative	mange, mangeons, mangez	

115

Pres. Ind.	mène, mènes, mène; menons, menez, mènent	*to lead*
Imp. Ind.	menais, menais, menait; menions, meniez, menaient	
Past Def.	menai, menas, mena; menâmes, menâtes, menèrent	
Fut. Ind.	mènerai, mèneras, mènera; mènerons, mènerez, mèneront	
Condit.	mènerais, mènerais, mènerait; mènerions, mèneriez, mèneraient	
Pres. Subj.	mène, mènes, mène; menions, meniez, mènent	
Imp. Subj.	menasse, menasses, menât; menassions, menassiez, menassent	
Past Indef.	ai mené, as mené, a mené; avons mené, avez mené, ont mené	
Pluperf.	avais mené, avais mené, avait mené; avions mené, aviez mené, avaient mené	
Past Ant.	eus mené, eus mené, eut mené; eûmes mené, eûtes mené, eurent mené	
Fut. Perf.	aurai mené, auras mené, aura mené; aurons mené, aurez mené, auront mené	
Cond. Perf.	aurais mené, aurais mené, aurait mené; aurions mené, auriez mené, auraient mené	
Past Subj.	aie mené, aies mené, ait mené; ayons mené, ayez mené, aient mené	
Plup. Subj.	eusse mené, eusses mené, eût mené; eussions mené, eussiez mené, eussent mené	
Imperative	mène, menons, menez	

Pres. Ind.	mens, mens, ment; mentons, mentez, mentent	*to lie,*
Imp. Ind.	mentais, mentais, mentait; mentions, mentiez, mentaient	*tell lies*
Past Def.	mentis, mentis, mentit; mentîmes, mentîtes, mentirent	
Fut. Ind.	mentirai, mentiras, mentira; mentirons, mentirez, mentiront	
Condit.	mentirais, mentirais, mentirait; mentirions, mentiriez, mentiraient	
Pres. Subj.	mente, mentes, mente; mentions, mentiez, mentent	
Imp. Subj.	mentisse, mentisses, mentît; mentissions, mentissiez, mentissent	
Past Indef.	ai menti, as menti, a menti; avons menti, avez menti, ont menti	
Pluperf.	avais menti, avais menti, avait menti; avions menti, aviez menti, avaient menti	
Past Ant.	eus menti, eus menti, eut menti; eûmes menti, eûtes menti, eurent menti	
Fut. Perf.	aurai menti, auras menti, aura menti; aurons menti, aurez menti, auront menti	
Cond. Perf.	aurais menti, aurais menti, aurait menti; aurions menti, auriez menti, auraient menti	
Past Subj.	aie menti, aies menti, ait menti; ayons menti, ayez menti, aient menti	
Plup. Subj.	eusse menti, eusses menti, eût menti; eussions menti, eussiez menti, eussent menti	
Imperative	[Ordinarily not used]	

Pres. Ind.	mets, mets, met; mettons, mettez, mettent	*to put,*
Imp. Ind.	mettais, mettais, mettait; mettions, mettiez, mettaient	*place*
Past Def.	mis, mis, mit; mîmes, mîtes, mirent	
Fut. Ind.	mettrai, mettras, mettra; mettrons, mettrez, mettront	
Condit.	mettrais, mettrais, mettrait; mettrions, mettriez, mettraient	
Pres. Subj.	mette, mettes, mette; mettions, mettiez, mettent	
Imp. Subj.	misse, misses, mît; missions, missiez, missent	
Past Indef.	ai mis, as mis, a mis; avons mis, avez mis, ont mis	
Pluperf.	avais mis, avais mis, avait mis; avions mis, aviez mis, avaient mis	
Past Ant.	eus mis, eus mis, eut mis; eûmes mis, eûtes mis, eurent mis	
Fut. Perf.	aurai mis, auras mis, aura mis; aurons mis, aurez mis, auront mis	
Cond. *Perf.*	aurais mis, aurais mis, aurait mis; aurions mis, auriez mis, auraient mis	
Past Subj.	aie mis, aies mis, ait mis; ayons mis, ayez mis, aient mis	
Plup. Subj.	eusse mis, eusses mis, eût mis; eussions mis, eussiez mis, eussent mis	
Imperative	mets, mettons, mettez	

Pres. Ind.	monte, montes, monte; montons, montez, montent	*to go up, ascend,*
Imp. Ind.	montais, montais, montait; montions, montiez, montaient	*take up, bring up*
Past Def.	montai, montas, monta; montâmes, montâtes, montèrent	
Fut. Ind.	monterai, monteras, montera; monterons, monterez, monteront	
Condit.	monterais, monterais, monterait; monterions, monteriez, monteraient	
Pres. Subj.	monte, montes, monte; montions, montiez, montent	
Imp. Subj.	montasse, montasses, montât; montassions, montassiez, montassent	
Past Indef.	suis monté(e), es monté(e), est monté(e); sommes monté(e)s, êtes monté(e)(s), sont monté(e)s	
Pluperf.	étais monté(e), étais monté(e), était monté(e); étions monté(e)s, étiez monté(e)(s), étaient monté(e)s	
Past Ant.	fus monté(e), fus monté(e), fut monté(e); fûmes monté(e)s, fûtes monté(e)(s), furent monté(e)s	
Fut. Perf.	serai monté(e), seras monté(e), sera monté(e); serons monté(e)s, serez monté(e)(s), seront monté(e)s	
Cond. *Perf.*	serais monté(e), serais monté(e), serait monté(e); serions monté(e)s, seriez monté(e)(s), seraient monté(e)s	
Past Subj.	sois monté(e), sois monté(e), soit monté(e); soyons monté(e)s, soyez monté(e)(s), soient monté(e)s	
Plup. Subj.	fusse monté(e), fusses monté(e), fût monté(e); fussions monté(e)s, fussiez monté(e)(s), fussent monté(e)s	
Imperative	monte, montons, montez	

* This verb is conjugated with *avoir* when it has a direct object.
    Example: J'ai monté l'escalier.
    J'ai monté les valises.

119

Pres. Ind.	mords, mords, mord; mordons, mordez, mordent	*to bite*
Imp. Ind.	mordais, mordais, mordait; mordions, mordiez, mordaient	
Past Def.	mordis, mordis, mordit; mordîmes, mordîtes, mordirent	
Fut. Ind.	mordrai, mordras, mordra; mordrons, mordrez, mordront	
Condit.	mordrais, mordrais, mordrait; mordrions, mordriez, mordraient	
Pres. Subj.	morde, mordes, morde; mordions, mordiez, mordent	
Imp. Subj.	mordisse, mordisses, mordît; mordissions, mordissiez, mordissent	
Past Indef.	ai mordu, as mordu, a mordu; avons mordu, avez mordu, ont mordu	
Pluperf.	avais mordu, avais mordu, avait mordu; avions mordu, aviez mordu, avaient mordu	
Past Ant.	eus mordu, eus mordu, eut mordu; eûmes mordu, eûtes mordu, eurent mordu	
Fut. Perf.	aurai mordu, auras mordu, aura mordu; aurons mordu, aurez mordu, auront mordu	
Cond. *Perf.*	aurais mordu, aurais mordu, aurait mordu; aurions mordu, auriez mordu, auraient mordu	
Past Subj.	aie mordu, aies mordu, ait mordu; ayons mordu, ayez mordu, aient mordu	
Plup. Subj.	eusse mordu, eusses mordu, eût mordu; eussions mordu, eussiez mordu, eussent mordu	
Imperative	mords, mordons, mordez	

Pres. Ind.	meurs, meurs, meurt; mourons, mourez, meurent	*to die*
Imp. Ind.	mourais, mourais, mourait; mourions, mouriez, mouraient	
Past Def.	mourus, mourus, mourut; mourûmes, mourûtes, moururent	
Fut. Ind.	mourrai, mourras, mourra; mourrons, mourrez, mourront	
Condit.	mourrais, mourrais, mourrait; mourrions, mourriez, mourraient	
Pres. Subj.	meure, meures, meure; mourions, mouriez, meurent	
Imp. Subj.	mourusse, mourusses, mourût; mourussions, mourussiez, mourussent	
Past Indef.	suis mort(e), es mort(e), est mort(e); sommes mort(e)s, êtes mort(e)(s), sont mort(e)s	
Pluperf.	étais mort(e), étais mort(e), était mort(e); étions mort(e)s, étiez mort(e)(s), étaient mort(e)s	
Past Ant.	fus mort(e), fus mort(e), fut mort(e); fûmes mort(e)s, fûtes mort(e)(s), furent mort(e)s	
Fut. Perf.	serai mort(e), seras mort(e), sera mort(e); serons mort(e)s, serez mort(e)(s), seront mort(e)s	
Cond. *Perf.*	serais mort(e), serais mort(e), serait mort(e); serions mort(e)s, seriez mort(e)(s), seraient mort(e)s	
Past Subj.	sois mort(e), sois mort(e), soit mort(e); soyons mort(e)s, soyez mort(e)(s), soient mort(e)s	
Plup. Subj.	fusse mort(e), fusses mort(e), fût mort(e); fussions mort(e)s, fussiez mort(e)(s), fussent mort(e)s	
Imperative	meurs, mourons, mourez	

Pres. Ind.	meus, meus, meut; mouvons, mouvez, meuvent	*to move*
Imp. Ind.	mouvais, mouvais, mouvait; mouvions, mouviez, mouvaient	
Past Def.	mus, mus, mut; mûmes, mûtes, murent	
Fut. Ind.	mouvrai, mouvras, mouvra; mouvrons, mouvrez, mouvront	
Condit.	mouvrais, mouvrais, mouvrait; mouvrions, mouvriez, mouvraient	
Pres. Subj.	meuve, meuves, meuve; mouvions, mouviez, meuvent	
Imp. Subj.	musse, musses, mût; mussions, mussiez, mussent	
Past Indef.	ai mû, as mû, a mû; avons mû, avez mû, ont mû	
Pluperf.	avais mû, avais mû, avait mû; avions mû, aviez mû, avaient mû	
Past Ant.	eus mû, eus mû, eut mû; eûmes mû, eûtes mû, eurent mû	
Fut. Perf.	aurai mû, auras mû, aura mû; aurons mû, aurez mû, auront mû	
Cond. *Perf.*	aurais mû, aurais mû, aurait mû; aurions mû, auriez mû, auraient mû	
Past Subj.	aie mû, aies mû, ait mû; ayons mû, ayez mû, aient mû	
Plup. Subj.	eusse mû, eusses mû, eût mû; eussions mû, eussiez mû, eussent mû	
Imperative.	meus, mouvons, mouvez	

122

Pres. Ind.	nage, nages, nage; nageons, nagez, nagent	*to swim*
Imp. Ind.	nageais, nageais, nageait; nagions, nagiez, nageaient	
Past Def.	nageai, nageas, nagea; nageâmes, nageâtes, nagèrent	
Fut. Ind.	nagerai, nageras, nagera; nagerons, nagerez, nageront	
Condit.	nagerais, nagerais, nagerait; nagerions, nageriez, nageraient	
Pres. Subj.	nage, nages, nage; nagions, nagiez, nagent	
Imp. Subj.	nageasse, nageasses, nageât; nageassions, nageassiez, nageassent	
Past Indef.	ai nagé, as nagé, a nagé; avons nagé, avez nagé, ont nagé	
Pluperf.	avais nagé, avais nagé, avait nagé; avions nagé, aviez nagé, avaient nagé	
Past Ant.	eus nagé, eus nagé, eut nagé; eûmes nagé, eûtes nagé, eurent nagé	
Fut. Perf.	aurai nagé, auras nagé, aura nagé; aurons nagé, aurez nagé, auront nagé	
Cond. Perf.	aurais nagé, aurais nagé, aurait nagé; aurions nagé, auriez nagé, auraient nagé	
Past Subj.	aie nagé, aies nagé, ait nagé; ayons nagé, ayez nagé, aient nagé	
Plup. Subj.	eusse nagé, eusses nagé, eût nagé; eussions nagé, eussiez nagé, eussent nagé	
Imperative	nage, nageons, nagez	

123

Pres. Ind.	nais, nais, naît; naissons, naissez, naissent
Imp. Ind.	naissais, naissais, naissait; naissions, naissiez, naissaient
Past Def.	naquis, naquis, naquit; naquîmes, naquîtes, naquirent
Fut. Ind.	naîtrai, naîtras, naîtra; naîtrons, naîtrez, naîtront
Condit.	naîtrais, naîtrais, naîtrait; naîtrions, naîtriez, naîtraient
Pres. Subj.	naisse, naisses, naisse; naissions, naissiez, naissent
Imp. Subj.	naquisse, naquisses, naquît; naquissions, naquissiez, naquissent
Past Indef.	suis né(e), es né(e), est né(e); sommes né(e)s, êtes né(e)(s), sont né(e)s
Pluperf.	étais né(e), étais né(e), était né(e); étions né(e)s, étiez né(e)(s), étaient né(e)s
Past Ant.	fus né(e), fus né(e), fut né(e); fûmes né(e)s, fûtes né(e)(s), furent né(e)s
Fut. Perf.	serai né(e), seras né(e), sera né(e); serons né(e)s, serez né(e)(s), seront né(e)s
Cond. Perf.	serais né(e), serais né(e), serait né(e); serions né(e)s, seriez né(e)(s), seraient né(e)s
Past Subj.	sois né(e), sois né(e), soit né(e); soyons né(e)s, soyez né(e)(s), soient né(e)s
Plup. Subj.	fusse né(e), fusses né(e), fût né(e); fussions né(e)s, fussiez né(e)(s), fussent né(e)s
Imperative	nais, naissons, naissez

to be born

124

Pres. Ind.	il neige
Imp. Ind.	il neigeait
Past Def.	il neigea
Fut. Ind.	il neigera
Condit.	il neigerait
Pres. Subj.	il neige
Imp. Subj.	il neigeât
Past Indef.	il a neigé
Pluperf.	il avait neigé
Past Ant.	il eut neigé
Fut. Perf.	il aura neigé
Cond. Perf.	il aurait neigé
Past Subj.	il ait neigé
Plup. Subj.	il eût neigé
Imperative	——

to snow

125

Pres. Ind.	nettoie, nettoies, nettoie; nettoyons, nettoyez, nettoient
Imp. Ind.	nettoyais, nettoyais, nettoyait; nettoyions, nettoyiez, nettoyaient
Past Def.	nettoyai, nettoyas, nettoya; nettoyâmes, nettoyâtes, nettoyèrent
Fut. Ind.	nettoierai, nettoieras, nettoiera; nettoierons, nettoierez, nettoieront
Condit.	nettoierais, nettoierais, nettoierait; nettoierions, nettoieriez, nettoieraient
Pres. Subj.	nettoie, nettoies, nettoie; nettoyions, nettoyiez, nettoient
Imp. Subj.	nettoyasse, nettoyasses, nettoyât; nettoyassions, nettoyassiez, nettoyassent
Past Indef.	ai nettoyé, as nettoyé, a nettoyé; avons nettoyé, avez nettoyé, ont nettoyé
Pluperf.	avais nettoyé, avais nettoyé, avait nettoyé; avions nettoyé, aviez nettoyé, avaient nettoyé
Past Ant.	eus nettoyé, eus nettoyé, eut nettoyé; eûmes nettoyé, eûtes nettoyé, eurent nettoyé
Fut. Perf.	aurai nettoyé, auras nettoyé, aura nettoyé; aurons nettoyé, aurez nettoyé, auront nettoyé
Cond. Perf.	aurais nettoyé, aurais nettoyé, aurait nettoyé; aurions nettoyé, auriez nettoyé, auraient nettoyé
Past Subj.	aie nettoyé, aies nettoyé, ait nettoyé; ayons nettoyé, ayez nettoyé, aient nettoyé
Plup. Subj.	eusse nettoyé, eusses nettoyé, eût nettoyé; eussions nettoyé, eussiez nettoyé, eussent nettoyé
Imperative	nettoie, nettoyons, nettoyez

to clean

nuire

Pres. Ind.	nuis, nuis, nuit; nuisons, nuisez, nuisent
Imp. Ind.	nuisais, nuisais, nuisait; nuisions, nuisiez, nuisaient
Past Def.	nuisis, nuisis, nuisit; nuisîmes, nuisîtes, nuisirent
Fut. Ind.	nuirai, nuiras, nuira; nuirons, nuirez, nuiront
Condit.	nuirais, nuirais, nuirait; nuirions, nuiriez, nuiraient
Pres. Subj.	nuise, nuises, nuise; nuisions, nuisiez, nuisent
Imp. Subj.	nuisisse, nuisisses, nuisît; nuisissions, nuisissiez, nuisissent
Past Indef.	ai nui, as nui, a nui; avons nui, avez nui, ont nui
Pluperf.	avais nui, avais nui, avait nui; avions nui, aviez nui, avaient nui
Past Ant.	eus nui, eus nui, eut nui; eûmes nui, eûtes nui, eurent nui
Fut. Perf.	aurai nui, auras nui, aura nui; aurons nui, aurez nui, auront nui
Cond. Perf.	aurais nui, aurais nui, aurait nui; aurions nui, auriez nui, auraient nui
Past Subj.	aie nui, aies nui, ait nui; ayons nui, ayez nui, aient nui
Plup. Subj.	eusse nui, eusses nui, eût nui; eussions nui, eussiez nui, eussent nui
Imperative	nuis, nuisons, nuisez

to harm, hinder

127

Pres. Ind.	obéis, obéis, obéit; obéissons, obéissez, obéissent	*to obey*
Imp. Ind.	obéissais, obéissais, obéissait; obéissions, obéissiez, obéissaient	
Past Def.	obéis, obéis, obéit; obéîmes, obéîtes, obéirent	
Fut. Ind.	obéirai, obéiras, obéira; obéirons, obéirez, obéiront	
Condit.	obéirais, obéirais, obéirait; obéirions, obéiriez, obéiraient	
Pres. Subj.	obéisse, obéisses, obéisse; obéissions, obéissiez, obéissent	
Imp. Subj.	obéisse, obéisses, obéît; obéissions, obéissiez, obéissent	
Past Indef.	ai obéi, as obéi, a obéi; avons obéi, avez obéi, ont obéi	
Pluperf.	avais obéi, avais obéi, avait obéi; avions obéi, aviez obéi, avaient obéi	
Past Ant.	eus obéi, eus obéi, eut obéi; eûmes obéi, eûtes obéi, eurent obéi	
Fut. Perf.	aurai obéi, auras obéi, aura obéi; aurons obéi, aurez obéi, auront obéi	
Cond. *Perf.*	aurais obéi, aurais obéi, aurait obéi; aurions obéi, auriez obéi, auraient obéi	
Past Subj.	aie obéi, aies obéi, ait obéi; ayons obéi, ayez obéi, aient obéi	
Plup. Subj.	eusse obéi, eusses obéi, eût obéi; eussions obéi, eussiez obéi, eussent obéi	
Imperative	obéis, obéissons, obéissez	

Pres. Ind.	oblige, obliges, oblige; obligeons, obligez, obligent
Imp. Ind.	obligeais, obligeais, obligeait; obligions, obligiez, obligeaient
Past Def.	obligeai, obligeas, obligea; obligeâmes, obligeâtes, obligèrent
Fut. Ind.	obligerai, obligeras, obligera; obligerons, obligerez, obligeront
Condit.	obligerais, obligerais, obligerait; obligerions, obligeriez, obligeraient
Pres. Subj.	oblige, obliges, oblige; obligions, obligiez, obligent
Imp. Subj.	obligeasse, obligeasses, obligeât; obligeassions, obligeassiez, obligeassent
Past Indef.	ai obligé, as obligé, a obligé; avons obligé, avez obligé, ont obligé
Pluperf.	avais obligé, avais obligé, avait obligé; avions obligé, aviez obligé, avaient obligé
Past Ant.	eus obligé, eus obligé, eut obligé; eûmes obligé, eûtes obligé, eurent obligé
Fut. Perf.	aurai obligé, auras obligé, aura obligé; aurons obligé, aurez obligé, auront obligé
Cond. *Perf.*	aurais obligé, aurais obligé, aurait obligé; aurions obligé, auriez obligé, auraient obligé
Past Subj.	aie obligé, aies obligé, ait obligé; ayons obligé, ayez obligé, aient obligé
Plup. Subj.	eusse obligé, eusses obligé, eût obligé; eussions obligé, eussiez obligé, eussent obligé
Imperative	oblige, obligeons, obligez

to oblige

129

Pres. Ind.	obtiens, obtiens, obtient; obtenons, obtenez, obtiennent	*to obtain,*
Imp. Ind.	obtenais, obtenais, obtenait; obtenions, obteniez, obtenaient	*get*
Past Def.	obtins, obtins, obtint; obtînmes, obtîntes, obtinrent	
Fut. Ind.	obtiendrai, obtiendras, obtiendra; obtiendrons, obtiendrez, obtiendront	
Condit.	obtiendrais, obtiendrais, obtiendrait; obtiendrions, obtiendriez, obtiendraient	
Pres. Subj.	obtienne, obtiennes, obtienne; obtenions, obteniez, obtiennent	
Imp. Subj.	obtinsse, obtinsses, obtînt; obtinssions, obtinssiez, obtinssent	
Past Indef.	ai obtenu, as obtenu, a obtenu; avons obtenu, avez obtenu, ont obtenu	
Pluperf.	avais obtenu, avais obtenu, avait obtenu; avions obtenu, aviez obtenu, avaient obtenu	
Past Ant.	eus obtenu, eus obtenu, eut obtenu; eûmes obtenu, eûtes obtenu, eurent obtenu	
Fut. Perf.	aurai obtenu, auras obtenu, aura obtenu; aurons obtenu, aurez obtenu, auront obtenu	
Cond. *Perf.*	aurais obtenu, aurais obtenu, aurait obtenu; aurions obtenu, auriez obtenu, auraient obtenu	
Past Subj.	aie obtenu, aies obtenu, ait obtenu; ayons obtenu, ayez obtenu, aient obtenu	
Plup. Subj.	eusse obtenu, eusses obtenu, eût obtenu; eussions obtenu, eussiez obtenu, eussent obtenu	
Imperative	obtiens, obtenons, obtenez	

130

PRES. PART. *offrant* PAST PART. *offert*

offrir

to offer

Pres. Ind.	offre, offres, offre; offrons, offrez, offrent
Imp. Ind.	offrais, offrais, offrait; offrions, offriez, offraient
Past Def.	offris, offris, offrit; offrîmes, offrîtes, offrirent
Fut. Ind.	offrirai, offriras, offrira; offrirons, offrirez, offriront
Condit.	offrirais, offrirais, offrirait; offririons, offririez, offriraient
Pres. Subj.	offre, offres, offre; offrions, offriez, offrent
Imp. Subj.	offrisse, offrisses, offrît; offrissions, offrissiez, offrissent
Past Indef.	ai offert, as offert, a offert; avons offert, avez offert, ont offert
Pluperf.	avais offert, avais offert, avait offert; avions offert, aviez offert, avaient offert
Past Ant.	eus offert, eus offert, eut offert; eûmes offert, eûtes offert, eurent offert
Fut. Perf.	aurai offert, auras offert, aura offert; aurons offert, aurez offert, auront offert
Cond. Perf.	aurais offert, aurais offert, aurait offert; aurions offert, auriez offert, auraient offert
Past Subj.	aie offert, aies offert, ait offert; ayons offert, ayez offert, aient offert
Plup. Subj.	eusse offert, eusses offert, eût offert; eussions offert, eussiez offert, eussent offert
Imperative	offre, offrons, offrez

Pres. Ind.	ose, oses, ose; osons, osez, osent	*to dare*
Imp. Ind.	osais, osais, osait; osions, osiez, osaient	
Past Def.	osai, osas, osa; osâmes, osâtes, osèrent	
Fut. Ind.	oserai, oseras, osera; oserons, oserez, oseront	
Condit.	oserais, oserais, oserait; oserions, oseriez, oseraient	
Pres. Subj.	ose, oses, ose; osions, osiez, osent	
Imp. Subj.	osasse, osasses, osât; osassions, osassiez, osassent	
Past Indef.	ai osé, as osé, a osé; avons osé, avez osé, ont osé	
Pluperf.	avais osé, avais osé, avait osé; avions osé, aviez osé, avaient osé	
Past Ant.	eus osé, eus osé, eut osé; eûmes osé, eûtes osé, eurent osé	
Fut. Perf.	aurai osé, auras osé, aura osé; aurons osé, aurez osé, auront osé	
Cond. *Perf.*	aurais osé, aurais osé, aurait osé; aurions osé, auriez osé, auraient osé	
Past Subj.	aie osé, aies osé, ait osé; ayons osé, ayez osé, aient osé	
Plup. Subj.	eusse osé, eusses osé, eût osé; eussions osé, eussiez osé, eussent osé	
Imperative	ose, osons, osez	

Pres. Ind.	ouvre, ouvres, ouvre; ouvrons, ouvrez, ouvrent

to open

Imp. Ind. ouvrais, ouvrais, ouvrait;
ouvrions, ouvriez, ouvraient

Past Def. ouvris, ouvris, ouvrit;
ouvrîmes, ouvrîtes, ouvrirent

Fut. Ind. ouvrirai, ouvriras, ouvrira;
ouvrirons, ouvrirez, ouvriront

Condit. ouvrirais, ouvrirais, ouvrirait;
ouvririons, ouvririez, ouvriraient

Pres. Subj. ouvre, ouvres, ouvre;
ouvrions, ouvriez, ouvrent

Imp. Subj. ouvrisse, ouvrisses, ouvrît;
ouvrissions, ouvrissiez, ouvrissent

Past Indef. ai ouvert, as ouvert, a ouvert;
avons ouvert, avez ouvert, ont ouvert.

Pluperf. avais ouvert, avais ouvert, avait ouvert;
avions ouvert, aviez ouvert, avaient ouvert

Past Ant. eus ouvert, eus ouvert, eut ouvert;
eûmes ouvert, eûtes ouvert, eurent ouvert

Fut. Perf. aurai ouvert, auras ouvert, aura ouvert;
aurons ouvert, aurez ouvert, auront ouvert

Cond.
Perf. aurais ouvert, aurais ouvert, aurait ouvert;
aurions ouvert, auriez ouvert, auraient ouvert

Past Subj. aie ouvert, aies ouvert, ait ouvert;
ayons ouvert, ayez ouvert, aient ouvert

Plup. Subj. eusse ouvert, eusses ouvert, eût ouvert;
eussions ouvert, eussiez ouvert, eussent ouvert

Imperative ouvre, ouvrons, ouvrez

Pres. Ind.	parais, parais, paraît; paraissons, paraissez, paraissent	*to appear,*
Imp. Ind.	paraissais, paraissais, paraissait; paraissions, paraissiez, paraissaient	*seem*
Past Def.	parus, parus, parut; parûmes, parûtes, parurent	
Fut. Ind.	paraîtrai, paraîtras, paraîtra; paraîtrons, paraîtrez, paraîtront	
Condit.	paraîtrais, paraîtrais, paraîtrait; paraîtrions, paraîtriez, paraîtraient	
Pres. Subj.	paraisse, paraisses, paraisse; paraissions, paraissiez, paraissent	
Imp. Subj.	parusse, parusses, parût; parussions, parussiez, parussent	
Past Indef.	ai paru, as paru, a paru; avons paru, avez paru, ont paru	
Pluperf.	avais paru, avais paru, avait paru; avions paru, aviez paru, avaient paru	
Past Ant.	eus paru, eus paru, eut paru; eûmes paru, eûtes paru, eurent paru	
Fut. Perf.	aurai paru, auras paru, aura paru; aurons paru, aurez paru, auront paru	
Cond. *Perf.*	aurais paru, aurais paru, aurait paru; aurions paru, auriez paru, auraient paru	
Past Subj.	aie paru, aies paru, ait paru; ayons paru, ayez paru, aient paru	
Plup. Subj.	eusse paru, eusses paru, eût paru; eussions paru, eussiez paru, eussent paru	
Imperative	parais, paraissons, paraissez	

Pres. Ind.	parle, parles, parle;
	parlons, parlez, parlent
Imp. Ind.	parlais, parlais, parlait;
	parlions, parliez, parlaient
Past Def.	parlai, parlas, parla;
	parlâmes, parlâtes, parlèrent
Fut. Ind.	parlerai, parleras, parlera;
	parlerons, parlerez, parleront
Condit.	parlerais, parlerais, parlerait;
	parlerions, parleriez, parleraient
Pres. Subj.	parle, parles, parle;
	parlions, parliez, parlent
Imp. Subj.	parlasse, parlasses, parlât;
	parlassions, parlassiez, parlassent
Past Indef.	ai parlé, as parlé, a parlé;
	avons parlé, avez parlé, ont parlé
Pluperf.	avais parlé, avais parlé, avait parlé;
	avions parlé, aviez parlé, avaient parlé
Past Ant.	eus parlé, eus parlé, eut parlé;
	eûmes parlé, eûtes parlé, eurent parlé
Fut. Perf.	aurai parlé, auras parlé, aura parlé;
	aurons parlé, aurez parlé, auront parlé
Cond. Perf.	aurais parlé, aurais parlé, aurait parlé;
	aurions parlé, auriez parlé, auraient parlé
Past Subj.	aie parlé, aies parlé, ait parlé;
	ayons parlé, ayez parlé, aient parlé
Plup. Subj.	eusse parlé, eusses parlé, eût parlé;
	eussions parlé, eussiez parlé, eussent parlé
Imperative	parle, parlons, parlez

to speak,
to talk

135

Pres. Ind.	pars, pars, part; partons, partez, partent	*to leave,*
Imp. Ind.	partais, partais, partait; partions, partiez, partaient	*depart*
Past Def.	partis, partis, partit; partîmes, partîtes, partirent	
Fut. Ind.	partirai, partiras, partira; partirons, partirez, partiront	
Condit.	partirais, partirais, partirait; partirions, partiriez, partiraient	
Pres. Subj.	parte, partes, parte; partions, partiez, partent	
Imp. Subj.	partisse, partisses, partît; partissions, partissiez, partissent	
Past Indef.	suis parti(e), es parti(e), est parti(e); sommes parti(e)s, êtes parti(e)(s), sont parti(e)s	
Pluperf.	étais parti(e), étais parti(e), était parti(e); étions parti(e)s, étiez parti(e)(s), étaient parti(e)s	
Past Ant.	fus parti(e), fus parti(e), fut parti(e); fûmes parti(e)s, fûtes parti(e)(s), furent parti(e)s	
Fut. Perf.	serai parti(e), seras parti(e), sera parti(e); serons parti(e)s, serez parti(e)(s), seront parti(e)s	
Cond. *Perf.*	serais parti(e), serais parti(e), serait parti(e); serions parti(e)s, seriez parti(e)(s), seraient parti(e)s	
Past Subj.	sois parti(e), sois parti(e), soit parti(e); soyons parti(e)s, soyez parti(e)(s), soient parti(e)s	
Plup. Subj.	fusse parti(e), fusses parti(e), fût parti(e); fussions parti(e)s, fussiez parti(e)(s), fussent parti(e)s	
Imperative	pars, partons, partez	

Pres. Ind.	paye, payes, paye; payons, payez, payent	*to pay*
Imp. Ind.	payais, payais, payait; payions, payiez, payaient	
Past Def.	payai, payas, paya; payâmes, payâtes, payèrent	
Fut. Ind.	payerai, payeras, payera; payerons, payerez, payeront	
Condit.	payerais, payerais, payerait; payerions, payeriez, payeraient	
Pres. Subj.	paye, payes, paye; payions, payiez, payent	
Imp. Subj.	payasse, payasses, payât; payassions, payassiez, payassent	
Past Indef.	ai payé, as payé, a payé; avons payé, avez payé, ont payé	
Pluperf.	avais payé, avais payé, avait payé; avions payé, aviez payé, avaient payé	
Past Ant.	eus payé, eus payé, eut payé; eûmes payé, eûtes payé, eurent payé	
Fut. Perf.	aurai payé, auras payé, aura payé; aurons payé, aurez payé, auront payé	
Cond. *Perf.*	aurais payé, aurais payé, aurait payé; aurions payé, auriez payé, auraient payé	
Past Subj.	aie payé, aies payé, ait payé; ayons payé, ayez payé, aient payé	
Plup. Subj.	eusse payé, eusses payé, eût payé; eussions payé, eussiez payé, eussent payé	
Imperative	paye, payons, payez	

peindre

Pres. Ind.	peins, peins, peint; peignons, peignez, peignent	*to paint*
Imp. Ind.	peignais, peignais, peignait; peignions, peigniez, peignaient	
Past Def.	peignis, peignis, peignit; peignîmes, peignîtes, peignirent	
Fut. Ind.	peindrai, peindras, peindra; peindrons, peindrez, peindront	
Condit.	peindrais, peindrais, peindrait; peindrions, peindriez, peindraient	
Pres. Subj.	peigne, peignes, peigne; peignions, peigniez, peignent	
Imp. Subj.	peignisse, peignisses, peignît; peignissions, peignissiez, peignissent	
Past Indef.	ai peint, as peint, a peint; avons peint, avez peint, ont peint	
Pluperf.	avais peint, avais peint, avait peint; avions peint, aviez peint, avaient peint	
Past Ant.	eus peint, eus peint, eut peint; eûmes peint, eûtes peint, eurent peint	
Fut. Perf.	aurai peint, auras peint, aura peint; aurons peint, aurez peint, auront peint	
Cond. *Perf.*	aurais peint, aurais peint, aurait peint; aurions peint, auriez peint, auraient peint	
Past Subj.	aie peint, aies peint, ait peint; ayons peint, ayez peint, aient peint	
Plup. Subj.	eusse peint, eusses peint, eût peint; eussions peint, eussiez peint, eussent peint	
Imperative	peins, peignons, peignez	

138

Pres. Ind.	pends, pends, pend; pendons, pendez, pendent
Imp. Ind.	pendais, pendais, pendait; pendions, pendiez, pendaient
Past Def.	pendis, pendis, pendit; pendîmes, pendîtes, pendirent
Fut. Ind.	pendrai, pendras, pendra; pendrons, pendrez, pendront
Condit.	pendrais, pendrais, pendrait; pendrions, pendriez, pendraient
Pres. Subj.	pende, pendes, pende; pendions, pendiez, pendent
Imp. Subj.	pendisse, pendisses, pendît; pendissions, pendissiez, pendissent
Past Indef.	ai pendu, as pendu, a pendu; avons pendu, avez pendu, ont pendu
Pluperf.	avais pendu, avais pendu, avait pendu; avions pendu, aviez pendu, avaient pendu
Past Ant.	eus pendu, eus pendu, eut pendu; eûmes pendu, eûtes pendu, eurent pendu
Fut. Perf.	aurai pendu, auras pendu, aura pendu; aurons pendu, aurez pendu, auront pendu
Cond. *Perf.*	aurais pendu, aurais pendu, aurait pendu; aurions pendu, auriez pendu, auraient pendu
Past Subj.	aie pendu, aies pendu, ait pendu; ayons pendu, ayez pendu, aient pendu
Plup. Subj.	eusse pendu, eusses pendu, eût pendu; eussions pendu, eussiez pendu, eussent pendu
Imperative	pends, pendons, pendez

to hang

139

Pres. Ind.	pense, penses, pense; pensons, pensez, pensent	*to think*
Imp. Ind.	pensais, pensais, pensait; pensions, pensiez, pensaient	
Past Def.	pensai, pensas, pensa; pensâmes, pensâtes, pensèrent	
Fut. Ind.	penserai, penseras, pensera; penserons, penserez, penseront	
Condit.	penserais, penserais, penserait; penserions, penseriez, penseraient	
Pres. Subj.	pense, penses, pense; pensions, pensiez, pensent	
Imp. Subj.	pensasse, pensasses, pensât; pensassions, pensassiez, pensassent	
Past Indef.	ai pensé, as pensé, a pensé; avons pensé, avez pensé, ont pensé	
Pluperf.	avais pensé, avais pensé, avait pensé; avions pensé, aviez pensé, avaient pensé	
Past Ant.	eus pensé, eus pensé, eut pensé; eûmes pensé, eûtes pensé, eurent pensé	
Fut. Perf.	aurai pensé, auras pensé, aura pensé; aurons pensé, aurez pensé, auront pensé	
Cond. *Perf.*	aurais pensé, aurais pensé, aurait pensé; aurions pensé, auriez pensé, auraient pensé	
Past Subj.	aie pensé, aies pensé, ait pensé; ayons pensé, ayez pensé, aient pensé	
Plup. Subj.	eusse pensé, eusses pensé, eût pensé; eussions pensé, eussiez pensé, eussent pensé	
Imperative	pense, pensons, pensez	

Pres. Ind.	perds, perds, perd; perdons, perdez, perdent	*to lose*
Imp. Ind.	perdais, perdais, perdait; perdions, perdiez, perdaient	
Past Def.	perdis, perdis, perdit; perdîmes, perdîtes, perdirent	
Fut. Ind.	perdrai, perdras, perdra; perdrons, perdrez, perdront	
Condit.	perdrais, perdrais, perdrait; perdrions, perdriez, perdraient	
Pres. Subj.	perde, perdes, perde; perdions, perdiez, perdent	
Imp. Subj.	perdisse, perdisses, perdît; perdissions, perdissiez, perdissent	
Past Indef.	ai perdu, as perdu, a perdu; avons perdu, avez perdu, ont perdu	
Pluperf.	avais perdu, avais perdu, avait perdu; avions perdu, aviez perdu, avaient perdu	
Past Ant.	eus perdu, eus perdu, eut perdu; eûmes perdu, eûtes perdu, eurent perdu	
Fut. Perf.	aurai perdu, auras perdu, aura perdu; aurons perdu, aurez perdu, auront perdu	
Cond. Perf.	aurais perdu, aurais perdu, aurait perdu; aurions perdu, auriez perdu, auraient perdu	
Past Subj.	aie perdu, aies perdu, ait perdu; ayons perdu, ayez perdu, aient perdu	
Plup. Subj.	eusse perdu, eusses perdu, eût perdu; eussions perdu, eussiez perdu, eussent perdu	
Imperative	perds, perdons, perdez	

Pres. Ind.	péris, péris, périt; périssons, périssez, périssent
Imp. Ind.	périssais, périssais, périssait; périssions, périssiez, périssaient
Past Def.	péris, péris, périt; pérîmes, pérîtes, périrent
Fut. Ind.	périrai, périras, périra; périrons, périrez, périront
Condit.	périrais, périrais, périrait; péririons, péririez, périraient
Pres. Subj.	périsse, périsses, périsse; périssions, périssiez, périssent
Imp. Subj.	périsse, périsses, pérît; périssions, périssiez, périssent
Past Indef.	ai péri, as péri, a péri; avons péri, avez péri, ont péri
Pluperf.	avais péri, avais péri, avait péri; avions péri, aviez péri, avaient péri
Past Ant.	eus péri, eus péri, eut péri; eûmes péri, eûtes péri, eurent péri
Fut. Perf.	aurai péri, auras péri, aura péri; aurons péri, aurez péri, auront péri
Cond. Perf.	aurais péri, aurais péri, aurait péri; aurions péri, auriez péri, auraient péri
Past Subj.	aie péri, aies péri, ait péri; ayons péri, ayez péri, aient péri
Plup. Subj.	eusse péri, eusses péri, eût péri; eussions péri, eussiez péri, eussent péri
Imperative	péris, périssons, périssez

to perish, die

142

Pres. Ind.	permets, permets, permet; permettons, permettez, permettent	
Imp. Ind.	permettais, permettais, permettait; permettions, permettiez, permettaient	*to permit,* *allow*
Past Def.	permis, permis, permit; permîmes, permîtes, permirent	
Fut. Ind.	permettrai, permettras, permettra; permettrons, permettrez, permettront	
Condit.	permettrais, permettrais, permettrait; permettrions, permettriez, permettraient	
Pres. Subj.	permette, permettes, permette; permettions, permettiez, permettent	
Imp. Subj.	permisse, permisses, permît; permissions, permissiez, permissent	
Past Indef.	ai permis, as permis, a permis; avons permis, avez permis, ont permis	
Pluperf.	avais permis, avais permis, avait permis; avions permis, aviez permis, avaient permis	
Past Ant.	eus permis, eus permis, eut permis; eûmes permis, eûtes permis, eurent permis	
Fut. Perf.	aurai permis, auras permis, aura permis; aurons permis, aurez permis, auront permis	
Cond. *Perf.*	aurais permis, aurais permis, aurait permis; aurions permis, auriez permis, auraient permis	
Past Subj.	aie permis, aies permis, ait permis; ayons permis, ayez permis, aient permis	
Plup. Subj.	eusse permis, eusses permis, eût permis; eussions permis, eussiez permis, eussent permis	
Imperative	permets, permettons, permettez	

143

Pres. Ind.	plais, plais, plaît; plaisons, plaisez, plaisent	*to please*
Imp. Ind.	plaisais, plaisais, plaisait; plaisions, plaisiez, plaisaient	
Past Def.	plus, plus, plut; plûmes, plûtes, plurent	
Fut. Ind.	plairai, plairas, plaira; plairons, plairez, plairont	
Condit.	plairais, plairais, plairait; plairions, plairiez, plairaient	
Pres. Subj.	plaise, plaises, plaise; plaisions, plaisiez, plaisent	
Imp. Subj.	plusse, plusses, plût; plussions, plussiez, plussent	
Past Indef.	ai plu, as plu, a plu; avons plu, avez plu, ont plu	
Pluperf.	avais plu, avais plu, avait plu; avions plu, aviez plu, avaient plu	
Past Ant.	eus plu, eus plu, eut plu; eûmes plu, eûtes plu, eurent plu	
Fut. Perf.	aurai plu, auras plu, aura plu; aurons plu, aurez plu, auront plu	
Cond. *Perf.*	aurais plu, aurais plu, aurait plu; aurions plu, auriez plu, auraient plu	
Past Subj.	aie plu, aies plu, ait plu; ayons plu, ayez plu, aient plu	
Plup. Subj.	eusse plu, eusses plu, eût plu; eussions plu, eussiez plu, eussent plu	
Imperative	plais, plaisons, plaisez	

pleuvoir

Pres. Ind.	il pleut
Imp. Ind.	il pleuvait
Past Def.	il plut
Fut. Ind.	il pleuvra
Condit.	il pleuvrait
Pres. Subj.	il pleuve
Imp. Subj.	il plût
Past Indef.	il a plu
Pluperf.	il avait plu
Past Ant.	il eut plu
Fut. Perf.	il aura plu
Cond. Perf.	il aurait plu
Past Subj.	il ait plu
Plup. Subj.	il eût plu
Imperative	——

to rain

145

Pres. Ind.	porte, portes, porte;	
	portons, portez, portent	*to wear,*
Imp. Ind.	portais, portais, portait;	*to carry*
	portions, portiez, portaient	
Past Def.	portai, portas, porta;	
	portâmes, portâtes, portèrent	
Fut. Ind.	porterai, porteras, portera;	
	porterons, porterez, porteront	
Condit.	porterais, porterais, porterait;	
	porterions, porteriez, porteraient	
Pres. Subj.	porte, portes, porte;	
	portions, portiez, portent	
Imp. Subj.	portasse, portasses, portât;	
	portassions, portassiez, portassent	
Past Indef.	ai porté, as porté, a porté;	
	avons porté, avez porté, ont porté	
Pluperf.	avais porté, avais porté, avait porté;	
	avions porté, aviez porté, avaient porté	
Past Ant.	eus porté, eus porté, eut porté;	
	eûmes porté, eûtes porté, eurent porté	
Fut. Perf.	aurai porté, auras porté, aura porté;	
	aurons porté, aurez porté, auront porté	
Cond.	aurais porté, aurais porté, aurait porté;	
Perf.	aurions porté, auriez porté, auraient porté	
Past Subj.	aie porté, aies porté, ait porté;	
	ayons porté, ayez porté, aient porté	
Plup. Subj.	eusse porté, eusses porté, eût porté;	
	eussions porté, eussiez porté, eussent porté	
Imperative	porte, portons, portez	

Pres. Ind.	pourvois, pourvois, pourvoit; pourvoyons, pourvoyez, pourvoient	*to provide*
Imp. Ind.	pourvoyais, pourvoyais, pourvoyait; pourvoyions, pourvoyiez, pourvoyaient	
Past Def.	pourvus, pourvus, pourvut; pourvûmes, pourvûtes, pourvurent	
Fut. Ind.	pourvoirai, pourvoiras, pourvoira; pourvoirons, pourvoirez, pourvoiront	
Condit.	pourvoirais, pourvoirais, pourvoirait; pourvoirions, pourvoiriez, pourvoiraient	
Pres. Subj.	pourvoie, pourvoies, pourvoie; pourvoyions, pourvoyiez, pourvoient	
Imp. Subj.	pourvusse, pourvusses, pourvût; pourvussions, pourvussiez, pourvussent	
Past Indef.	ai pourvu, as pourvu, a pourvu; avons pourvu, avez pourvu, ont pourvu	
Pluperf.	avais pourvu, avais pourvu, avait pourvu; avions pourvu, aviez pourvu, avaient pourvu	
Past Ant.	eus pourvu, eus pourvu, eut pourvu; eûmes pourvu, eûtes pourvu, eurent pourvu	
Fut. Perf.	aurai pourvu, auras pourvu, aura pourvu; aurons pourvu, aurez pourvu, auront pourvu	
Cond. *Perf.*	aurais pourvu, aurais pourvu, aurait pourvu; aurions pourvu, auriez pourvu, auraient pourvu	
Past Subj.	aie pourvu, aies pourvu, ait pourvu; ayons pourvu, ayez pourvu, aient pourvu	
Plup. Subj.	eusse pourvu, eusses pourvu, eût pourvu; eussions pourvu, eussiez pourvu, eussent pourvu	
Imperative	pourvois, pourvoyons, pourvoyez	

Pres. Ind.	peux *or* puis, peux, peut; pouvons, pouvez, peuvent	*to be able,*
Imp. Ind.	pouvais, pouvais, pouvait; pouvions, pouviez, pouvaient	*can*
Past Def.	pus, pus, put; pûmes, pûtes, purent	
Fut. Ind.	pourrai, pourras, pourra; pourrons, pourrez, pourront	
Condit.	pourrais, pourrais, pourrait; pourrions, pourriez, pourraient	
Pres. Subj.	puisse, puisses, puisse; puissions, puissiez, puissent	
Imp. Subj.	pusse, pusses, pût; pussions, pussiez, pussent	
Past Indef.	ai pu, as pu, a pu; avons pu, avez pu, ont pu	
Pluperf.	avais pu, avais pu, avait pu; avions pu, aviez pu, avaient pu	
Past Ant.	eus pu, eus pu, eut pu; eûmes pu, eûtes pu, eurent pu	
Fut. Perf.	aurai pu, auras pu, aura pu; aurons pu, aurez pu, auront pu	
Cond. *Perf.*	aurais pu, aurais pu, aurait pu; aurions pu, auriez pu, auraient pu	
Past Subj.	aie pu, aies pu, ait pu; ayons pu, ayez pu, aient pu	
Plup. Subj.	eusse pu, eusses pu, eût pu; eussions pu, eussiez pu, eussent pu	
Imperative	——	

Pres. Ind.	préfère, préfères, préfère; préférons, préférez, préfèrent	*to prefer*
Imp. Ind.	préférais, préférais, préférait; préférions, préfériez, préféraient	
Past Def.	préférai, préféras, préféra; préférâmes, préférâtes, préférèrent	
Fut. Ind.	préférerai, préféreras, préférera; préférerons, préférerez, préféreront	
Condit.	préférerais, préférerais, préférerait; préférerions, préféreriez, préféreraient	
Pres. Subj.	préfère, préfères, préfère; préférions, préfériez, préfèrent	
Imp. Subj.	préférasse, préférasses, préférât; préférassions, préférassiez, préférassent	
Past Indef.	ai préféré, as préféré, a préféré; avons préféré, avez préféré, ont préféré	
Pluperf.	avais préféré, avais préféré, avait préféré; avions préféré, aviez préféré, avaient préféré	
Past Ant.	eus préféré, eus préféré, eut préféré; eûmes préféré, eûtes préféré, eurent préféré	
Fut. Perf.	aurai préféré, auras préféré, aura préféré; aurons préféré, aurez préféré, auront préféré	
Cond. *Perf.*	aurais préféré, aurais préféré, aurait préféré; aurions préféré, auriez préféré, auraient préféré	
Past Subj.	aie préféré, aies préféré, ait préféré; ayons préféré, ayez préféré, aient préféré	
Plup. Subj.	eusse préféré, eusses préféré, eût préféré; eussions préféré, eussiez préféré, eussent préféré	
Imperative	[Ordinarily not used]	

149

prendre

Pres. Ind.	prends, prends, prend; prenons, prenez, prennent
Imp. Ind.	prenais, prenais, prenait; prenions, preniez, prenaient
Past Def.	pris, pris, prit; prîmes, prîtes, prirent
Fut. Ind.	prendrai, prendras, prendra; prendrons, prendrez, prendront
Condit.	prendrais, prendrais, prendrait; prendrions, prendriez, prendraient
Pres. Subj.	prenne, prennes, prenne; prenions, preniez, prennent
Imp. Subj.	prisse, prisses, prît; prissions, prissiez, prissent
Past Indef.	ai pris, as pris, a pris; avons pris, avez pris, ont pris
Pluperf.	avais pris, avais pris, avait pris; avions pris, aviez pris, avaient pris
Past Ant.	eus pris, eus pris, eut pris; eûmes pris, eûtes pris, eurent pris
Fut. Perf.	aurai pris, auras pris, aura pris; aurons pris, aurez pris, auront pris
Cond. *Perf.*	aurais pris, aurais pris, aurait pris; aurions pris, auriez pris, auraient pris
Past Subj.	aie pris, aies pris, ait pris; ayons pris, ayez pris, aient pris
Plup. Subj.	eusse pris, eusses pris, eût pris; eussions pris, eussiez pris, eussent pris
Imperative	prends, prenons, prenez

to take

Pres. Ind.	prête, prêtes, prête; prêtons, prêtez, prêtent	*to lend*
Imp. Ind.	prêtais, prêtais, prêtait; prêtions, prêtiez, prêtaient	
Past Def.	prêtai, prêtas, prêta; prêtâmes, prêtâtes, prêtèrent	
Fut. Ind.	prêterai, prêteras, prêtera; prêterons, prêterez, prêteront	
Condit.	prêterais, prêterais, prêterait; prêterions, prêteriez, prêteraient	
Pres. Subj.	prête, prêtes, prête; prêtions, prêtiez, prêtent	
Imp. Subj.	prêtasse, prêtasses, prêtât; prêtassions, prêtassiez, prêtassent	
Past Indef.	ai prêté, as prêté, a prêté; avons prêté, avez prêté, ont prêté	
Pluperf.	avais prêté, avais prêté, avait prêté; avions prêté, aviez prêté, avaient prêté	
Past Ant.	eus prêté, eus prêté, eut prêté; eûmes prêté, eûtes prêté, eurent prêté	
Fut. Perf.	aurai prêté, auras prêté, aura prêté; aurons prêté, aurez prêté, auront prêté	
Cond. *Perf.*	aurais prêté, aurais prêté, aurait prêté; aurions prêté, auriez prêté, auraient prêté	
Past Subj.	aie prêté, aies prêté, ait prêté; ayons prêté, ayez prêté, aient prêté	
Plup. Subj.	eusse prêté, eusses prêté, eût prêté; eussions prêté, eussiez prêté, eussent prêté	
Imperative	prête, prêtons, prêtez	

151

Pres. Ind.	prévois, prévois, prévoit; prévoyons, prévoyez, prévoient	*to foresee*
Imp. Ind.	prévoyais, prévoyais, prévoyait; prévoyions, prévoyiez, prévoyaient	
Past Def.	prévis, prévis, prévit; prévîmes, prévîtes, prévirent	
Fut. Ind.	prévoirai, prévoiras, prévoira; prévoirons, prévoirez, prévoiront	
Condit.	prévoirais, prévoirais, prévoirait; prévoirions, prévoiriez, prévoiraient	
Pres. Subj.	prévoie, prévoies, prévoie; prévoyions, prévoyiez, prévoient	
Imp. Subj.	prévisse, prévisses, prévît; prévissions, prévissiez, prévissent	
Past Indef.	ai prévu, as prévu, a prévu; avons prévu, avez prévu, ont prévu	
Pluperf.	avais prévu, avais prévu, avait prévu; avions prévu, aviez prévu, avaient prévu	
Past Ant.	eus prévu, eus prévu, eut prévu; eûmes prévu, eûtes prévu, eurent prévu	
Fut. Perf.	aurai prévu, auras prévu, aura prévu; aurons prévu, aurez prévu, auront prévu	
Cond. *Perf.*	aurais prévu, aurais prévu, aurait prévu; aurions prévu, auriez prévu, auraient prévu	
Past Subj.	aie prévu, aies prévu, ait prévu; ayons prévu, ayez prévu, aient prévu	
Plup. Subj.	eusse prévu, eusses prévu, eût prévu; eussions prévu, eussiez prévu, eussent prévu	
Imperative	prévois, prévoyons, prévoyez	

Pres. Ind.	me promène, te promènes, se promène; nous promenons, vous promenez, se promènent
Imp. Ind.	me promenais, te promenais, se promenait; nous promenions, vous promeniez, se promenaient
Past Def.	me promenai, te promenas, se promena; nous promenâmes, vous promenâtes, se promenèrent
Fut. Ind.	me promènerai, te promèneras, se promènera; nous promènerons, vous promènerez, se promèneront
Condit.	me promènerais, te promènerais, se promènerait; nous promènerions, vous promèneriez, se promèneraient
Pres. Subj.	me promène, te promènes, se promène; nous promenions, vous promeniez, se promènent
Imp. Subj.	me promenasse, te promenasses, se promenât; nous promenassions, vous promenassiez, se promenassent
Past Indef.	me suis promené(e), t'es promené(e), s'est promené(e); nous sommes promené(e)s, vous êtes promené(e)(s), se sont promené(e)s
Pluperf.	m'étais promené(e), t'étais promené(e), s'était promené(e); nous étions promené(e)s, vous étiez promené(e)(s), s'étaient promené(e)s
Past Ant.	me fus promené(e), te fus promené(e), se fut promené(e); nous fûmes promené(e)s, vous fûtes promené(e)(s), se furent promené(e)s
Fut. Perf.	me serai promené(e), te seras promené(e), se sera promené(e); nous serons promené(e)s, vous serez promené(e)(s), se seront promené(e)s
Cond. *Perf.*	me serais promené(e), te serais promené(e), se serait promené(e); nous serions promené(e)s, vous seriez promené(e)(s), se seraient promené(e)s
Past Subj.	me sois promené(e), te sois promené(e), se soit promené(e); nous soyons promené(e)s, vous soyez promené(e)(s), se soient promené(e)s
Plup. Subj.	me fusse promené(e), te fusses promené(e), se fût promené(e); nous fussions promené(e)s, vous fussiez promené(e)(s), se fussent promené(e)s
Imperative	promène-toi, promenons-nous, promenez-vous

to take a walk

153

Pres. Ind.	promets, promets, promet; promettons, promettez, promettent	*to promise*
Imp. Ind.	promettais, promettais, promettait; promettions, promettiez, promettaient	
Past Def.	promis, promis, promit; promîmes, promîtes, promirent	
Fut. Ind.	promettrai, promettras, promettra; promettrons, promettrez, promettront	
Condit.	promettrais, promettrais, promettrait; promettrions, promettriez, promettraient	
Pres. Subj.	promette, promettes, promette; promettions, promettiez, promettent	
Imp. Subj.	promisse, promisses, promît; promissions, promissiez, promissent	
Past Indef.	ai promis, as promis, a promis; avons promis, avez promis, ont promis	
Pluperf.	avais promis, avais promis, avait promis; avions promis, aviez promis, avaient promis	
Past Ant.	eus promis, eus promis, eut promis; eûmes promis, eûtes promis, eurent promis	
Fut. Perf.	aurai promis, auras promis, aura promis; aurons promis, aurez promis, auront promis	
Cond. *Perf.*	aurais promis, aurais promis, aurait promis; aurions promis, auriez promis, auraient promis	
Past Subj.	aie promis, aies promis, ait promis; ayons promis, ayez promis, aient promis	
Plup. Subj.	eusse promis, eusses promis, eût promis; eussions promis, eussiez promis, eussent promis	
Imperative	promets, promettons, promettez	

Pres. Ind.	prononce, prononces, prononce; prononçons, prononcez, prononcent	*to pronounce*
Imp. Ind.	prononçais, prononçais, prononçait; prononcions, prononciez, prononçaient	
Past Def.	prononçai, prononças, prononça; prononçâmes, prononçâtes, prononcèrent	
Fut. Ind.	prononcerai, prononceras, prononcera; prononcerons, prononcerez, prononceront	
Condit.	prononcerais, prononcerais, prononcerait; prononcerions, prononceriez, prononceraient	
Pres. Subj.	prononce, prononces, prononce; prononcions, prononciez, prononcent	
Imp. Subj.	prononçasse, prononçasses, prononçât; prononçassions, prononçassiez, prononçassent	
Past Indef.	ai prononcé, as prononcé, a prononcé; avons prononcé, avez prononcé, ont prononcé	
Pluperf.	avais prononcé, avais prononcé, avait prononcé; avions prononcé, aviez prononcé, avaient prononcé	
Past Ant.	eus prononcé, eus prononcé, eut prononcé; eûmes prononcé, eûtes prononcé, eurent prononcé	
Fut. Perf.	aurai prononcé, auras prononcé, aura prononcé; aurons prononcé, aurez prononcé, auront prononcé	
Cond. *Perf.*	aurais prononcé, aurais prononcé, aurait prononcé; aurions prononcé, auriez prononcé, auraient prononcé	
Past Subj.	aie prononcé, aies prononcé, ait prononcé; ayons prononcé, ayez prononcé, aient prononcé	
Plup. Subj.	eusse prononcé, eusses prononcé, eût prononcé; eussions prononcé, eussiez prononcé, eussent prononcé	
Imperative	prononce, prononçons, prononcez	

Pres. Ind.	punis, punis, punit; punissons, punissez, punissent	*to punish*
Imp. Ind.	punissais, punissais, punissait; punissions, punissiez, punissaient	
Past Def.	punis, punis, punit; punîmes, punîtes, punirent	
Fut. Ind.	punirai, puniras, punira; punirons, punirez, puniront	
Condit.	punirais, punirais, punirait; punirions, puniriez, puniraient	
Pres. Subj.	punisse, punisses, punisse; punissions, punissiez, punissent	
Imp. Subj.	punisse, punisses, punît; punissions, punissiez, punissent	
Past Indef.	ai puni, as puni, a puni; avons puni, avez puni, ont puni	
Pluperf.	avais puni, avais puni, avait puni; avions puni, aviez puni, avaient puni	
Past Ant.	eus puni, eus puni, eut puni; eûmes puni, eûtes puni, eurent puni	
Fut. Perf.	aurai puni, auras puni, aura puni; aurons puni, aurez puni, auront puni	
Cond. *Perf.*	aurais puni, aurais puni, aurait puni; aurions puni, auriez puni, auraient puni	
Past Subj.	aie puni, aies puni, ait puni; ayons puni, ayez puni, aient puni	
Plup. Subj.	eusse puni, eusses puni, eût puni; eussions puni, eussiez puni, eussent puni	
Imperative	punis, punissons, punissez	

Pres. Ind.	quitte, quittes, quitte; quittons, quittez, quittent
Imp. Ind.	quittais, quittais, quittait; quittions, quittiez, quittaient
Past Def.	quittai, quittas, quitta; quittâmes, quittâtes, quittèrent
Fut. Ind.	quitterai, quitteras, quittera; quitterons, quitterez, quitteront
Condit.	quitterais, quitterais, quitterait; quitterions, quitteriez, quitteraient
Pres. Subj.	quitte, quittes, quitte; quittions, quittiez, quittent
Imp. Subj.	quittasse, quittasses, quittât; quittassions, quittassiez, quittassent
Past Indef.	ai quitté, as quitté, a quitté; avons quitté, avez quitté, ont quitté
Pluperf.	avais quitté, avais quitté, avait quitté; avions quitté, aviez quitté, avaient quitté
Past Ant.	eus quitté, eus quitté, eut quitté; eûmes quitté, eûtes quitté, eurent quitté
Fut. Perf.	aurai quitté, auras quitté, aura quitté; aurons quitté, aurez quitté, auront quitté
Cond. Perf.	aurais quitté, aurais quitté, aurait quitté; aurions quitté, auriez quitté, auraient quitté
Past Subj.	aie quitté, aies quitté, ait quitté; ayons quitté, ayez quitté, aient quitté
Plup. Subj.	eusse quitté, eusses quitté, eût quitté; eussions quitté, eussiez quitté, eussent quitté
Imperative	quitte, quittons, quittez

to leave

157

Pres. Ind.	raconte, racontes, raconte; racontons, racontez, racontent	*to relate,*
Imp. Ind.	racontais, racontais, racontait; racontions, racontiez, racontaient	*to tell about*
Past Def.	racontai, racontas, raconta; racontâmes, racontâtes, racontèrent	
Fut. Ind.	raconterai, raconteras, racontera; raconterons, raconterez, raconteront	
Condit.	raconterais, raconterais, raconterait; raconterions, raconteriez, raconteraient	
Pres. Subj.	raconte, racontes, raconte; racontions, racontiez, racontent	
Imp. Subj.	racontasse, racontasses, racontât; racontassions, racontassiez, racontassent	
Past Indef.	ai raconté, as raconté, a raconté; avons raconté, avez raconté, ont raconté	
Pluperf.	avais raconté, avais raconté, avait raconté; avions raconté, aviez raconté, avaient raconté	
Past Ant.	eus raconté, eus raconté, eut raconté; eûmes raconté, eûtes raconté, eurent raconté	
Fut. Perf.	aurai raconté, auras raconté, aura raconté; aurons raconté, aurez raconté, auront raconté	
Cond. *Perf.*	aurais raconté, aurais raconté, aurait raconté; aurions raconté, auriez raconté, auraient raconté	
Past Subj.	aie raconté, aies raconté, ait raconté; ayons raconté, ayez raconté, aient raconté	
Plup. Subj.	eusse raconté, eusses raconté, eût raconté; eussions raconté, eussiez raconté, eussent raconté	
Imperative	raconte, racontons, racontez	

recevoir

Pres. Ind.	reçois, reçois, reçoit; recevons, recevez, reçoivent	*to receive,*
Imp. Ind.	recevais, recevais, recevait; recevions, receviez, recevaient	*get*
Past Def.	reçus, reçus, reçut; reçûmes, reçûtes, reçurent	
Fut. Ind.	recevrai, recevras, recevra; recevrons, recevrez, recevront	
Condit.	recevrais, recevrais, recevrait; recevrions, recevriez, recevraient	
Pres. Subj.	reçoive, reçoives, reçoive; recevions, receviez, reçoivent	
Imp. Subj.	reçusse, reçusses, reçût; reçussions, reçussiez, reçussent	
Past Indef.	ai reçu, as reçu, a reçu; avons reçu, avez reçu, ont reçu	
Pluperf.	avais reçu, avais reçu, avait reçu; avions reçu, aviez reçu, avaient reçu	
Past Ant.	eus reçu, eus reçu, eut reçu; eûmes reçu, eûtes reçu, eurent reçu	
Fut. Perf.	aurai reçu, auras reçu, aura reçu; aurons reçu, aurez reçu, auront reçu	
Cond. *Perf.*	aurais reçu, aurais reçu, aurait reçu; aurions reçu, auriez reçu, auraient reçu	
Past Subj.	aie reçu, aies reçu, ait reçu; ayons reçu, ayez reçu, aient reçu	
Plup. Subj.	eusse reçu, eusses reçu, eût reçu; eussions reçu, eussiez reçu, eussent reçu	
Imperative	reçois, recevons, recevez	

159

Pres. Ind.	regarde, regardes, regarde; regardons, regardez, regardent	*to look (at),*
Imp. Ind.	regardais, regardais, regardait; regardions, regardiez, regardaient	*watch*
Past Def.	regardai, regardas, regarda; regardâmes, regardâtes, regardèrent	
Fut. Ind.	regarderai, regarderas, regardera; regarderons, regarderez, regarderont	
Condit.	regarderais, regarderais, regarderait; regarderions, regarderiez, regarderaient	
Pres. Subj.	regarde, regardes, regarde; regardions, regardiez, regardent	
Imp. Subj.	regardasse, regardasses, regardât; regardassions, regardassiez, regardassent	
Past Indef.	ai regardé, as regardé, a regardé; avons regardé, avez regardé, ont regardé	
Pluperf.	avais regardé, avais regardé, avait regardé; avions regardé, aviez regardé, avaient regardé	
Past Ant.	eus· regardé, eus regardé, eut regardé; eûmes regardé, eûtes regardé, eurent regardé	
Fut. Perf.	aurai regardé, auras regardé, aura regardé; aurons regardé, aurez regardé, auront regardé	
Cond. *Perf.*	aurais regardé, aurais regardé, aurait regardé; aurions regardé, auriez regardé, auraient regardé	
Past Subj.	aie regardé, aies regardé, ait regardé; ayons regardé, ayez regardé, aient regardé	
Plup. Subj.	eusse regardé, eusses regardé, eût regardé; eussions regardé, eussiez regardé, eussent regardé	
Imperative	regarde, regardons, regardez	

Pres. Ind.	remarque, remarques, remarque; remarquons, remarquez, remarquent	*to notice,*
Imp. Ind.	remarquais, remarquais, remarquait; remarquions, remarquiez, remarquaient	*observe*
Past Def.	remarquai, remarquas, remarqua; remarquâmes, remarquâtes, remarquèrent	
Fut. Ind.	remarquerai, remarqueras, remarquera; remarquerons, remarquerez, remarqueront	
Condit.	remarquerais, remarquerais, remarquerait; remarquerions, remarqueriez, remarqueraient	
Pres. Subj.	remarque, remarques, remarque; remarquions, remarquiez, remarquent	
Imp. Subj.	remarquasse, remarquasses, remarquât; remarquassions, remarquassiez, remarquassent	
Past Indef.	ai remarqué, as remarqué, a remarqué; avons remarqué, avez remarqué, ont remarqué	
Pluperf.	avais remarqué, avais remarqué, avait remarqué; avions remarqué, aviez remarqué, avaient remarqué	
Past Ant.	eus remarqué, eus remarqué, eut remarqué; eûmes remarqué, eûtes remarqué, eurent remarqué	
Fut. Perf.	aurai remarqué, auras remarqué, aura remarqué; aurons remarqué, aurez remarqué, auront remarqué	
Cond. Perf.	aurais remarqué, aurais remarqué, aurait remarqué; aurions remarqué, auriez remarqué, auraient remarqué	
Past Subj.	aie remarqué, aies remarqué, ait remarqué; ayons remarqué, ayez remarqué, aient remarqué	
Plup. Subj.	eusse remarqué, eusses remarqué, eût remarqué; eussions remarqué, eussiez remarqué, eussent remarqué	
Imperative	remarque, remarquons, remarquez	

161

Pres. Ind.	remplace, remplaces, remplace; remplaçons, remplacez, remplacent	*to replace*
Imp. Ind.	remplaçais, remplaçais, remplaçait; remplacions, remplaciez, remplaçaient	
Past Def.	remplaçai, remplaças, remplaça; remplaçâmes, remplaçâtes, remplacèrent	
Fut. Ind.	remplacerai, remplaceras, remplacera; remplacerons, remplacerez, remplaceront	
Condit.	remplacerais, remplacerais, remplacerait; remplacerions, remplaceriez, remplaceraient	
Pres. Subj.	remplace, remplaces, remplace; remplacions, remplaciez, remplacent	
Imp. Subj.	remplaçasse, remplaçasses, remplaçât; remplaçassions, remplaçassiez, remplaçassent	
Past Indef.	ai remplacé, as remplacé, a remplacé; avons remplacé, avez remplacé, ont remplacé	
Pluperf.	avais remplacé, avais remplacé, avait remplacé; avions remplacé, aviez remplacé, avaient remplacé	
Past Ant.	eus remplacé, eus remplacé, eut remplacé; eûmes remplacé, eûtes remplacé, eurent remplacé	
Fut. Perf.	aurai remplacé, auras remplacé, aura remplacé; aurons remplacé, aurez remplacé, auront remplacé	
Cond. *Perf.*	aurais remplacé, aurais remplacé, aurait remplacé; aurions remplacé, auriez remplacé, auraient remplacé	
Past Subj.	aie remplacé, aies remplacé, ait remplacé; ayons remplacé, ayez remplacé, aient remplacé	
Plup. Subj.	eusse remplacé, eusses remplacé, eût remplacé; eussions remplacé, eussiez remplacé, eussent remplacé	
Imperative	remplace, remplaçons, remplacez	

remplir

Pres. Ind.	remplis, remplis, remplit; remplissons, remplissez, remplissent
Imp. Ind.	remplissais, remplissais, remplissait; remplissions, remplissiez, remplissaient
Past Def.	remplis, remplis, remplit; remplîmes, remplîtes, remplirent
Fut. Ind.	remplirai, rempliras, remplira; remplirons, remplirez, rempliront
Condit.	remplirais, remplirais, remplirait; remplirions, rempliriez, rempliraient
Pres. Subj.	remplisse, remplisses, remplisse; remplissions, remplissiez, remplissent
Imp. Subj.	remplisse, remplisses, remplît; remplissions, remplissiez, remplissent
Past Indef.	ai rempli, as rempli, a rempli; avons rempli, avez rempli, ont rempli
Pluperf.	avais rempli, avais rempli, avait rempli; avions rempli, aviez rempli, avaient rempli
Past Ant.	eus rempli, eus rempli, eut rempli; eûmes rempli, eûtes rempli, eurent rempli
Fut. Perf.	aurai rempli, auras rempli, aura rempli; aurons rempli, aurez rempli, auront rempli
Cond. Perf.	aurais rempli, aurais rempli, aurait rempli; aurions rempli, auriez rempli, auraient rempli
Past Subj.	aie rempli, aies rempli, ait rempli; ayons rempli, ayez rempli, aient rempli
Plup. Subj.	eusse rempli, eusses rempli, eût rempli; eussions rempli, eussiez rempli, eussent rempli
Imperative	remplis, remplissons, remplissez

to fill

Pres. Ind.	rends, rends, rend; rendons, rendez, rendent
Imp. Ind.	rendais, rendais, rendait; rendions, rendiez, rendaient
Past Def.	rendis, rendis, rendit; rendîmes, rendîtes, rendirent
Fut. Ind.	rendrai, rendras, rendra; rendrons, rendrez, rendront
Condit.	rendrais, rendrais, rendrait; rendrions, rendriez, rendraient
Pres. Subj.	rende, rendes, rende; rendions, rendiez, rendent
Imp. Subj.	rendisse, rendisses, rendît; rendissions, rendissiez, rendissent
Past Indef.	ai rendu, as rendu, a rendu; avons rendu, avez rendu, ont rendu
Pluperf.	avais rendu, avais rendu, avait rendu; avions rendu, aviez rendu, avaient rendu
Past Ant.	eus rendu, eus rendu, eut rendu; eûmes rendu, eûtes rendu, eurent rendu
Fut. Perf.	aurai rendu, auras rendu, aura rendu; aurons rendu, aurez rendu, auront rendu
Cond. Perf.	aurais rendu, aurais rendu, aurait rendu; aurions rendu, auriez rendu, auraient rendu
Past Subj.	aie rendu, aies rendu, ait rendu; ayons rendu, ayez rendu, aient rendu
Plup. Subj.	eusse rendu, eusses rendu, eût rendu; eussions rendu, eussiez rendu, eussent rendu
Imperative	rends, rendons, rendez

to give back,
to return,
to render

Pres. Ind.	rentre, rentres, rentre; rentrons, rentrez, rentrent
Imp. Ind.	rentrais, rentrais, rentrait; rentrions, rentriez, rentraient
Past Def.	rentrai, rentras, rentra; rentrâmes, rentrâtes, rentrèrent
Fut. Ind.	rentrerai, rentreras, rentrera; rentrerons, rentrerez, rentreront
Condit.	rentrerais, rentrerais, rentrerait; rentrerions, rentreriez, rentreraient
Pres. Subj.	rentre, rentres, rentre; rentrions, rentriez, rentrent
Imp. Subj.	rentrasse, rentrasses, rentrât; rentrassions, rentrassiez, rentrassent
Past Indef.	suis rentré(e), es rentré(e), est rentré(e); sommes rentré(e)s, êtes rentré(e)(s), sont rentré(e)s
Pluperf.	étais rentré(e), étais rentré(e), était rentré(e); étions rentré(e)s, étiez rentré(e)(s), étaient rentré(e)s
Past Ant.	fus rentré(e), fus rentré(e), fut rentré(e); fûmes rentré(e)s, fûtes rentré(e)(s), furent rentré(e)s
Fut. Perf.	serai rentré(e), seras rentré(e), sera rentré(e); serons rentré(e)s, serez rentré(e)(s), seront rentré(e)s
Cond. *Perf.*	serais rentré(e), serais rentré(e), serait rentré(e); serions rentré(e)s, seriez rentré(e)(s), seraient rentré(e)s
Past Subj.	sois rentré(e), sois rentré(e), soit rentré(e); soyons rentré(e)s, soyez rentré(e)(s), soient rentré(e)s
Plup. Subj.	fusse rentré(e), fusses rentré(e), fût rentré(e); fussions rentré(e)s, fussiez rentré(e)(s), fussent rentré(e)s
Imperative	rentre, rentrons, rentrez

to return

165

Pres. Ind.	répète, répètes, répète; répétons, répétez, répètent	*to repeat*
Imp. Ind.	répétais, répétais, répétait; répétions, répétiez, répétaient	
Past Def.	répétai, répétas, répéta; répétâmes, répétâtes, répétèrent	
Fut. Ind.	répéterai, répéteras, répétera; répéterons, répéterez, répéteront	
Condit.	répéterais, répéterais, répéterait; répéterions, répéteriez, répéteraient	
Pres. Subj.	répète, répètes, répète; répétions, répétiez, répètent	
Imp. Subj.	répétasse, répétasses, répétât; répétassions, répétassiez, répétassent	
Past Indef.	ai répété, as répété, a répété; avons répété, avez répété, ont répété	
Pluperf.	avais répété, avais répété, avait répété; avions répété, aviez répété, avaient répété	
Past Ant.	eus répété, eus répété, eut répété; eûmes répété, eûtes répété, eurent répété	
Fut. Perf.	aurai répété, auras répété, aura répété; aurons répété, aurez répété, auront répété	
Cond. Perf.	aurais répété, aurais répété, aurait répété; aurions répété, auriez répété, auraient répété	
Past Subj.	aie répété, aies répété, ait répété; ayons répété, ayez répété, aient répété	
Plup. Subj.	eusse répété, eusses répété, eût répété; eussions répété, eussiez répété, eussent répété	
Imperative	répète, répétons, répétez	

Pres. Ind.	réponds, réponds, répond; répondons, répondez, répondent	
Imp. Ind.	répondais, répondais, répondait; répondions, répondiez, répondaient	*to reply,* *to answer*
Past Def.	répondis, répondis, répondit; répondîmes, répondîtes, répondirent	
Fut. Ind.	répondrai, répondras, répondra; répondrons, répondrez, répondront	
Condit.	répondrais, répondrais, répondrait; répondrions, répondriez, répondraient	
Pres. Subj.	réponde, répondes, réponde; répondions, répondiez, répondent	
Imp. Subj.	répondisse, répondisses, répondît; répondissions, répondissiez, répondissent	
Past Indef.	ai répondu, as répondu, a répondu; avons répondu, avez répondu, ont répondu	
Pluperf.	avais répondu, avais répondu, avait répondu; avions répondu, aviez répondu, avaient répondu	
Past Ant.	eus répondu, eus répondu, eut répondu; eûmes répondu, eûtes répondu, eurent répondu	
Fut. Perf.	aurai répondu, auras répondu, aura répondu; aurons répondu, aurez répondu, auront répondu	
Cond. *Perf.*	aurais répondu, aurais répondu, aurait répondu; aurions répondu, auriez répondu, auraient répondu	
Past Subj.	aie répondu, aies répondu, ait répondu; ayons répondu, ayez répondu, aient répondu	
Plup. Subj.	eusse répondu, eusses répondu, eût répondu; eussions répondu, eussiez répondu, eussent répondu	
Imperative	réponds, répondons, répondez	

167

Pres. Ind.	résous, résous, résout; résolvons, résolvez, résolvent	*to resolve,*
Imp. Ind.	résolvais, résolvais, résolvait; résolvions, résolviez, résolvaient	*solve*
Past Def.	résolus, résolus, résolut; résolûmes, résolûtes, résolurent	
Fut. Ind.	résoudrai, résoudras, résoudra; résoudrons, résoudrez, résoudront	
Condit.	résoudrais, résoudrais, résoudrait; résoudrions, résoudriez, résoudraient	
Pres. Subj.	résolve, résolves, résolve; résolvions, résolviez, résolvent	
Imp. Subj.	résolusse, résolusses, résolût; résolussions, résolussiez, résolussent	
Past Indef.	ai résolu, as résolu, a résolu; avons résolu, avez résolu, ont résolu	
Pluperf.	avais résolu, avais résolu, avait résolu; avions résolu, aviez résolu, avaient résolu	
Past Ant.	eus résolu, eus résolu, eut résolu; eûmes résolu, eûtes résolu, eurent résolu	
Fut. Perf.	aurai résolu, auras résolu, aura résolu; aurons résolu, aurez résolu, auront résolu	
Cond. *Perf.*	aurais résolu, aurais résolu, aurait résolu; aurions résolu, auriez résolu, auraient résolu	
Past Subj.	aie résolu, aies résolu, ait résolu; ayons résolu, ayez résolu, aient résolu	
Plup. Subj.	eusse résolu, eusses résolu, eût résolu; eussions résolu, eussiez résolu, eussent résolu	
Imperative	résous, résolvons, résolvez	

Pres. Ind.	reste, restes, reste; restons, restez, restent	*to remain,*
Imp. Ind.	restais, restais, restait; restions, restiez, restaient	*stay*
Past Def.	restai, restas, resta; restâmes, restâtes, restèrent	
Fut. Ind.	resterai, resteras, restera; resterons, resterez, resteront	
Condit.	resterais, resterais, resterait; resterions, resteriez, resteraient	
Pres. Subj.	reste, restes, reste; restions, restiez, restent	
Imp. Subj.	restasse, restasses, restât; restassions, restassiez, restassent	
Past Indef.	suis resté(e), es resté(e), est resté(e); sommes resté(e)s, êtes resté(e)(s), sont resté(e)s	
Pluperf.	étais resté(e), étais resté(e), était resté(e); étions resté(e)s, étiez resté(e)(s), étaient resté(e)s	
Past Ant.	fus resté(e), fus resté(e), fut resté(e); fûmes resté(e)s, fûtes resté(e)(s), furent resté(e)s	
Fut. Perf.	serai resté(e), seras resté(e), sera resté(e); serons resté(e)s, serez resté(e)(s), seront resté(e)s	
Cond. *Perf.*	serais resté(e), serais resté(e), serait resté(e); serions resté(e)s, seriez resté(e)(s), seraient resté(e)s	
Past Subj.	sois resté(e), sois resté(e), soit resté(e); soyons resté(e)s, soyez resté(e)(s), soient resté(e)s	
Plup. Subj.	fusse resté(e), fusses resté(e), fût resté(e); fussions resté(e)s, fussiez resté(e)(s), fussent resté(e)s	
Imperative	reste, restons, restez	

Pres. Ind.	retourne, retournes, retourne; retournons, retournez, retournent	*to return,*
Imp. Ind.	retournais, retournais, retournait; retournions, retourniez, retournaient	*go back*
Past Def.	retournai, retournas, retourna; retournâmes, retournâtes, retournèrent	
Fut. Ind.	retournerai, retourneras, retournera; retournerons, retournerez, retourneront	
Condit.	retournerais, retournerais, retournerait; retournerions, retourneriez, retourneraient	
Pres. Subj.	retourne, retournes, retourne; retournions, retourniez, retournent	
Imp. Subj.	retournasse, retournasses, retournât; retournassions, retournassiez, retournassent	
Past Indef.	suis retourné(e), es retourné(e), est retourné(e); sommes retourné(e)s, êtes retourné(e)(s), sont retourné(e)s	
Pluperf.	étais retourné(e), étais retourné(e), était retourné(e); étions retourné(e)s, étiez retourné(e)(s), étaient retourné(e)s	
Past Ant.	fus retourné(e), fus retourné(e), fut retourné(e); fûmes retourné(e)s, fûtes retourné(e)(s), furent retourné(e)s	
Fut. Perf.	serai retourné(e), seras retourné(e), sera retourné(e); serons retourné(e)s, serez retourné(e)(s), seront retourné(e)s	
Cond. *Perf.*	serais retourné(e), serais retourné(e), serait retourné(e); serions retourné(e)s, seriez retourné(e)(s), seraient retourné(e)s	
Past Subj.	sois retourné(e), sois retourné(e), soit retourné(e); soyons retourné(e)s, soyez retourné(e)(s), soient retourné(e)s	
Plup. Subj.	fusse retourné(e), fusses retourné(e), fût retourné(e); fussions retourné(e)s, fussiez retourné(e)(s), fussent retourné(e)s	
Imperative	retourne, retournons, retournez	

Pres. Ind.	réussis, réussis, réussit; réussissons, réussissez, réussissent
Imp. Ind.	réussissais, réussissais, réussissait; réussissions, réussissiez, réussissaient
Past Def.	réussis, réussis, réussit; réussîmes, réussîtes, réussirent
Fut. Ind.	réussirai, réussiras, réussira; réussirons, réussirez, réussiront
Condit.	réussirais, réussirais, réussirait; réussirions, réussiriez, réussiraient
Pres. Subj.	réussisse, réussisses, réussisse; réussissions, réussissiez, réussissent
Imp. Subj.	réussisse, réussisses, réussît; réussissions, réussissiez, réussissent
Past Indef.	ai réussi, as réussi, a réussi; avons réussi, avez réussi, ont réussi
Pluperf.	avais réussi, avais réussi, avait réussi; avions réussi, aviez réussi, avaient réussi
Past Ant.	eus réussi, eus réussi, eut réussi; eûmes réussi, eûtes réussi, eurent réussi
Fut. Perf.	aurai réussi, auras réussi, aura réussi; aurons réussi, aurez réussi, auront réussi
Cond. Perf.	aurais réussi, aurais réussi, aurait réussi; aurions réussi, auriez réussi, auraient réussi
Past Subj.	aie réussi, aies réussi, ait réussi; ayons réussi, ayez réussi, aient réussi
Plup. Subj.	eusse réussi, eusses réussi, eût réussi; eussions réussi, eussiez réussi, eussent réussi
Imperative	réussis, réussissons, réussissez

to succeed

171

Pres. Ind.	me réveille, te réveilles, se réveille; nous réveillons, vous réveillez, se réveillent	*to wake up*
Imp. Ind.	me réveillais, te réveillais, se réveillait; nous réveillions, vous réveilliez, se réveillaient	
Past Def.	me réveillai, te réveillas, se réveilla; nous réveillâmes, vous réveillâtes, se réveillèrent	
Fut. Ind.	me réveillerai, te réveilleras, se réveillera; nous réveillerons, vous réveillerez, se réveilleront	
Condit.	me réveillerais, te réveillerais, se réveillerait; nous réveillerions, vous réveilleriez, se réveilleraient	
Pres. Subj.	me réveille, te réveilles, se réveille; nous réveillions, vous réveilliez, se réveillent	
Imp. Subj.	me réveillasse, te réveillasses, se réveillât; nous réveillassions, vous réveillassiez, se réveillassent	
Past Indef.	me suis réveillé(e), t'es réveillé(e), s'est réveillé(e); nous sommes réveillé(e)s, vous êtes réveillé(e)(s), se sont réveillé(e)s	
Pluperf.	m'étais réveillé(e), t'étais réveillé(e), s'était réveillé(e); nous étions réveillé(e)s, vous étiez réveillé(e)(s), s'étaient réveillé(e)s	
Past Ant.	me fus réveillé(e), te fus réveillé(e), se fut réveillé(e); nous fûmes réveillé(e)s, vous fûtes réveillé(e)(s), se furent réveillé(e)s	
Fut. Perf.	me serai réveillé(e), te seras réveillé(e), se sera réveillé(e); nous serons réveillé(e)s, vous serez réveillé(e)(s), se seront réveillé(e)s	
Cond. *Perf.*	me serais réveillé(e), te serais réveillé(e), se serait réveillé(e); nous serions réveillé(e)s, vous seriez réveillé(e)(s), se seraient réveillé(e)s	
Past Subj.	me sois réveillé(e), te sois réveillé(e), se soit réveillé(e); nous soyons réveillé(e)s, vous soyez réveillé(e)(s), se soient réveillé(e)s	
Plup. Subj.	me fusse réveillé(e), te fusses réveillé(e), se fût réveillé(e); nous fussions réveillé(e)s, vous fussiez réveillé(e)(s), se fussent réveillé(e)s	
Imperative	réveille-toi, réveillons-nous, réveillez-vous	

to come back

Pres. Ind.	reviens, reviens, revient; revenons, revenez, reviennent
Imp. Ind.	revenais, revenais, revenait; revenions, reveniez, revenaient
Past Def.	revins, revins, revint; revînmes, revîntes, revinrent
Fut. Ind.	reviendrai, reviendras, reviendra; reviendrons, reviendrez, reviendront
Condit.	reviendrais, reviendrais, reviendrait; reviendrions, reviendriez, reviendraient
Pres. Subj.	revienne, reviennes, revienne; revenions, reveniez, reviennent
Imp. Subj.	revinsse, revinsses, revînt; revinssions, revinssiez, revinssent
Past Indef.	suis revenu(e), es revenu(e), est revenu(e); sommes revenu(e)s, êtes revenu(e)(s), sont revenu(e)s
Pluperf.	étais revenu(e), étais revenu(e), était revenu(e); étions revenu(e)s, étiez revenu(e)(s), étaient revenu(e)s
Past Ant.	fus revenu(e), fus revenu(e), fut revenu(e); fûmes revenu(e)s, fûtes revenu(e)(s), furent revenu(e)s
Fut. Perf.	serai revenu(e), seras revenu(e), sera revenu(e); serons revenu(e)s, serez revenu(e)(s), seront revenu(e)s
Cond. Perf.	serais revenu(e), serais revenu(e), serait revenu(e); serions revenu(e)s, seriez revenu(e)(s), seraient revenu(e)s
Past Subj.	sois revenu(e), sois revenu(e), soit revenu(e); soyons revenu(e)s, soyez revenu(e)(s), soient revenu(e)s
Plup. Subj.	fusse revenu(e), fusses revenu(e), fût revenu(e); fussions revenu(e)s, fussiez revenu(e)(s), fussent revenu(e)s
Imperative	reviens, revenons, revenez

rire

Pres. Ind.	ris, ris, rit; rions, riez, rient	*to laugh*
Imp. Ind.	riais, riais, riait; riions, riiez, riaient	
Past Def.	ris, ris, rit; rîmes, rîtes, rirent	
Fut. Ind.	rirai, riras, rira; rirons, rirez, riront	
Condit.	rirais, rirais, rirait; ririons, ririez, riraient	
Pres. Subj.	rie, ries, rie; riions, riiez, rient	
Imp. Subj.	risse, risses, rît; rissions, rissiez, rissent	
Past Indef.	ai ri, as ri, a ri; avons ri, avez ri, ont ri	
Pluperf.	avais ri, avais ri, avait ri; avions ri, aviez ri, avaient ri	
Past Ant.	eus ri, eus ri, eut ri; eûmes ri, eûtes ri, eurent ri	
Fut. Perf.	aurai ri, auras ri, aura ri; aurons ri, aurez ri, auront ri	
Cond. *Perf.*	aurais ri, aurais ri, aurait ri; aurions ri, auriez ri, auraient ri	
Past Subj.	aie ri, aies ri, ait ri; ayons ri, ayez ri, aient ri	
Plup. Subj.	eusse ri, eusses ri, eût ri; eussions ri, eussiez ri, eussent ri	
Imperative	ris, rions, riez	

Pres. Ind.	romps, romps, rompt; rompons, rompez, rompent	
Imp. Ind.	rompais, rompais, rompait; rompions, rompiez, rompaient	*to break,*
Past Def.	rompis, rompis, rompit; rompîmes, rompîtes, rompirent	*burst,*
Fut. Ind.	romprai, rompras, rompra; romprons, romprez, rompront	*shatter*
Condit.	romprais, romprais, romprait; romprions, rompriez, rompraient	
Pres. Subj.	rompe, rompes, rompe; rompions, rompiez, rompent	
Imp. Subj.	rompisse, rompisses, rompît; rompissions, rompissiez, rompissent	
Past Indef.	ai rompu, as rompu, a rompu; avons rompu, avez rompu, ont rompu	
Pluperf.	avais rompu, avais rompu, avait rompu; avions rompu, aviez rompu, avaient rompu	
Past Ant.	eus rompu, eus rompu, eut rompu; eûmes rompu, eûtes rompu, eurent rompu	
Fut. Perf.	aurai rompu, auras rompu, aura rompu; aurons rompu, aurez rompu, auront rompu	
Cond. *Perf.*	aurais rompu, aurais rompu, aurait rompu; aurions rompu, auriez rompu, auraient rompu	
Past Subj.	aie rompu, aies rompu, ait rompu; ayons rompu, ayez rompu, aient rompu	
Plup. Subj.	eusse rompu, eusses rompu, eût rompu; eussions rompu, eussiez rompu, eussent rompu	
Imperative	romps, rompons, rompez	

175

Pres. Ind.	rougis, rougis, rougit; rougissons, rougissez, rougissent	*to blush*
Imp. Ind.	rougissais, rougissais, rougissait; rougissions, rougissiez, rougissaient	
Past Def.	rougis, rougis, rougit; rougîmes, rougîtes, rougirent	
Fut. Ind.	rougirai, rougiras, rougira; rougirons, rougirez, rougiront	
Condit.	rougirais, rougirais, rougirait; rougirions, rougiriez, rougiraient	
Pres. Subj.	rougisse, rougisses, rougisse; rougissions, rougissiez, rougissent	
Imp. Subj.	rougisse, rougisses, rougît; rougissions, rougissiez, rougissent	
Past Indef.	ai rougi, as rougi, a rougi; avons rougi, avez rougi, ont rougi	
Pluperf.	avais rougi, avais rougi, avait rougi; avions rougi, aviez rougi, avaient rougi	
Past Ant.	eus rougi, eus rougi, eut rougi; eûmes rougi, eûtes rougi, eurent rougi	
Fut. Perf.	aurai rougi, auras rougi, aura rougi; aurons rougi, aurez rougi, auront rougi	
Cond. *Perf.*	aurais rougi, aurais rougi, aurait rougi; aurions rougi, auriez rougi, auraient rougi	
Past Subj.	aie rougi, aies rougi, ait rougi; ayons rougi, ayez rougi, aient rougi	
Plup. Subj.	eusse rougi, eusses rougi, eût rougi; eussions rougi, eussiez rougi, eussent rougi	
Imperative	rougis, rougissons, rougissez	

Pres. Ind.	salis, salis, salit; salissons, salissez, salissent
Imp. Ind.	salissais, salissais, salissait; salissions, salissiez, salissaient
Past Def.	salis, salis, salit; salîmes, salîtes, salirent
Fut. Ind.	salirai, saliras, salira; salirons, salirez, saliront
Condit.	salirais, salirais, salirait; salirions, saliriez, saliraient
Pres. Subj.	salisse, salisses, salisse; salissions, salissiez, salissent
Imp. Subj.	salisse, salisses, salît; salissions, salissiez, salissent
Past Indef.	ai sali, as sali, a sali; avons sali, avez sali, ont sali
Pluperf.	avais sali, avais sali, avait sali; avions sali, aviez sali, avaient sali
Past Ant.	eus sali, eus sali, eut sali; eûmes sali, eûtes sali, eurent sali
Fut. Perf.	aurai sali, auras sali, aura sali; aurons sali, aurez sali, auront sali
Cond. Perf.	aurais sali, aurais sali, aurait sali; aurions sali, auriez sali, auraient sali
Past Subj.	aie sali, aies sali, ait sali; ayons sali, ayez sali, aient sali
Plup. Subj.	eusse sali, eusses sali, eût sali; eussions sali, eussiez sali, eussent sali
Imperative	salis, salissons, salissez

to soil,
to dirty

177

Pres. Ind.	saute, sautes, saute; sautons, sautez, sautent
Imp. Ind.	sautais, sautais, sautait; sautions, sautiez, sautaient
Past Def.	sautai, sautas, sauta; sautâmes, sautâtes, sautèrent
Fut. Ind.	sauterai, sauteras, sautera; sauterons, sauterez, sauteront
Condit.	sauterais, sauterais, sauterait; sauterions, sauteriez, sauteraient
Pres. Subj.	saute, sautes, saute; sautions, sautiez, sautent
Imp. Subj.	sautasse, sautasses, sautât; sautassions, sautassiez, sautassent
Past Indef.	ai sauté, as sauté, a sauté; avons sauté, avez sauté, ont sauté
Pluperf.	avais sauté, avais sauté, avait sauté; avions sauté, aviez sauté, avaient sauté
Past Ant.	eus sauté, eus sauté, eut sauté; eûmes sauté, eûtes sauté, eurent sauté
Fut. Perf.	aurai sauté, auras sauté, aura sauté; aurons sauté, aurez sauté, auront sauté
Cond. *Perf.*	aurais sauté, aurais sauté, aurait sauté; aurions sauté, auriez sauté, auraient sauté
Past Subj.	aie sauté, aies sauté, ait sauté; ayons sauté, ayez sauté, aient sauté
Plup. Subj.	eusse sauté, eusses sauté, eût sauté; eussions sauté, eussiez sauté, eussent sauté
Imperative	saute, sautons, sautez

to jump,
leap

Pres. Ind.	sais, sais, sait; savons, savez, savent
Imp. Ind.	savais, savais, savait; savions, saviez, savaient
Past Def.	sus, sus, sut; sûmes, sûtes, surent
Fut. Ind.	saurai, sauras, saura; saurons, saurez, sauront
Condit.	saurais, saurais, saurait; saurions, sauriez, sauraient
Pres. Subj.	sache, saches, sache; sachions, sachiez, sachent
Imp. Subj.	susse, susses, sût; sussions, sussiez, sussent
Past Indef.	ai su, as su, a su; avons su, avez su, ont su
Pluperf.	avais su, avais su, avait su; avions su, aviez su, avaient su
Past Ant.	eus su, eus su, eut su; eûmes su, eûtes su, eurent su
Fut. Perf.	aurai su, auras su, aura su; aurons su, aurez su, auront su
Cond. *Perf.*	aurais su, aurais su, aurait su; aurions su, auriez su, auraient su
Past Subj.	aie su, aies su, ait su; ayons su, ayez su, aient su
Plup. Subj.	eusse su, eusses su, eût su; eussions su, eussiez su, eussent su
Imperative	sache, sachons, sachez

to know (*how*)

179

PRES. PART. *sentant* PAST PART. *senti* **sentir**

Pres. Ind.	sens, sens, sent; sentons, sentez, sentent	*to feel,*
Imp. Ind.	sentais, sentais, sentait; sentions, sentiez, sentaient	*smell*
Past Def.	sentis, sentis, sentit; sentîmes, sentîtes, sentirent	
Fut. Ind.	sentirai, sentiras, sentira; sentirons, sentirez, sentiront	
Condit.	sentirais, sentirais, sentirait; sentirions, sentiriez, sentiraient	
Pres. Subj.	sente, sentes, sente; sentions, sentiez, sentent	
Imp. Subj.	sentisse, sentisses, sentît; sentissions, sentissiez, sentissent	
Past Indef.	ai senti, as senti, a senti; avons senti, avez senti, ont senti	
Pluperf.	avais senti, avais senti, avait senti; avions senti, aviez senti, avaient senti	
Past Ant.	eus senti, eus senti, eut senti; eûmes senti, eûtes senti, eurent senti	
Fut. Perf.	aurai senti, auras senti, aura senti; aurons senti, aurez senti, auront senti	
Cond. *Perf.*	aurais senti, aurais senti, aurait senti; aurions senti, auriez senti, auraient senti	
Past Subj.	aie senti, aies senti, ait senti; ayons senti, ayez senti, aient senti	
Plup. Subj.	eusse senti, eusses senti, eût senti; eussions senti, eussiez senti, eussent senti	
Imperative	sens, sentons, sentez	

Pres. Ind.	sers, sers, sert; servons, servez, servent	*to serve*
Imp. Ind.	servais, servais, servait; servions, serviez, servaient	
Past Def.	servis, servis, servit; servîmes, servîtes, servirent	
Fut. Ind.	servirai, serviras, servira; servirons, servirez, serviront	
Condit.	servirais, servirais, servirait; servirions, serviriez, serviraient	
Pres. Subj.	serve, serves, serve; servions, serviez, servent	
Imp. Subj.	servisse, servisses, servît; servissions, servissiez, servissent	
Past Indef.	ai servi, as servi, a servi; avons servi, avez servi, ont servi	
Pluperf.	avais servi, avais servi, avait servi; avions servi, aviez servi, avaient servi	
Past Ant.	eus servi, eus servi, eut servi; eûmes servi, eûtes servi, eurent servi	
Fut. Perf.	aurai servi, auras servi, aura servi; aurons servi, aurez servi, auront servi	
Cond. Perf.	aurais servi, aurais servi, aurait servi; aurions servi, auriez servi, auraient servi	
Past Subj.	aie servi, aies servi, ait servi; ayons servi, ayez servi, aient servi	
Plup. Subj.	eusse servi, eusses servi, eût servi; eussions servi, eussiez servi, eussent servi	
Imperative	sers, servons, servez	

Pres. Ind.	songe, songes, songe; songeons, songez, songent	
Imp. Ind.	songeais, songeais, songeait; songions, songiez, songeaient	*to dream,* *think*
Past Def.	songeai, songeas, songea; songeâmes, songeâtes, songèrent	
Fut. Ind.	songerai, songeras, songera; songerons, songerez, songeront	
Condit.	songerais, songerais, songerait; songerions, songeriez, songeraient	
Pres. Subj.	songe, songes, songe; songions, songiez, songent	
Imp. Subj.	songeasse, songeasses, songeât; songeassions, songeassiez, songeassent	
Past Indef.	ai songé, as songé, a songé; avons songé, avez songé, ont songé	
Pluperf.	avais songé, avais songé, avait songé; avions songé, aviez songé, avaient songé	
Past Ant.	eus songé, eus songé, eut songé; eûmes songé, eûtes songé, eurent songé	
Fut. Perf.	aurai songé, auras songé, aura songé; aurons songé, aurez songé, auront songé	
Cond. *Perf.*	aurais songé, aurais songé, aurait songé; aurions songé, auriez songé, auraient songé	
Past Subj.	aie songé, aies songé, ait songé; ayons songé, ayez songé, aient songé	
Plup. Subj.	eusse songé, eusses songé, eût songé; eussions songé, eussiez songé, eussent songé	
Imperative	songe, songeons, songez	

Pres. Ind.	sors, sors, sort; sortons, sortez, sortent	*to go out,*
Imp. Ind.	sortais, sortais, sortait; sortions, sortiez, sortaient	*leave*
Past Def.	sortis, sortis, sortit; sortîmes, sortîtes, sortirent	
Fut. Ind.	sortirai, sortiras, sortira; sortirons, sortirez, sortiront	
Condit.	sortirais, sortirais, sortirait; sortirions, sortiriez, sortiraient	
Pres. Subj.	sorte, sortes, sorte; sortions, sortiez, sortent	
Imp. Subj.	sortisse, sortisses, sortît; sortissions, sortissiez, sortissent	
Past Indef.	suis sorti(e), es sorti(e), est sorti(e); sommes sorti(e)s, êtes sorti(e)(s), sont sorti(e)s	
Pluperf.	étais sorti(e), étais sorti(e), était sorti(e); étions sorti(e)s, étiez sorti(e)(s), étaient sorti(e)s	
Past Ant.	fus sorti(e), fus sorti(e), fut sorti(e); fûmes sorti(e)s, fûtes sorti(e)(s), furent sorti(e)s	
Fut. Perf.	serai sorti(e), seras sorti(e), sera sorti(e); serons sorti(e)s, serez sorti(e)(s), seront sorti(e)s	
Cond. *Perf.*	serais sorti(e), serais sorti(e), serait sorti(e); serions sorti(e)s, seriez sorti(e)(s), seraient sorti(e)s	
Past Subj.	sois sorti(e), sois sorti(e), soit sorti(e); soyons sorti(e)s, soyez sorti(e)(s), soient sorti(e)s	
Plup. Subj.	fusse sorti(e), fusses sorti(e), fût sorti(e); fussions sorti(e)s, fussiez sorti(e)(s), fussent sorti(e)s	
Imperative	sors, sortons, sortez	

Pres. Ind.	suffis, suffis, suffit; suffisons, suffisez, suffisent	
Imp. Ind.	suffisais, suffisais, suffisait; suffisions, suffisiez, suffisaient	*to suffice,*
Past Def.	suffis, suffis, suffit; suffîmes, suffîtes, suffirent	*be sufficient*
Fut. Ind.	suffirai, suffiras, suffira; suffirons, suffirez, suffiront	
Condit.	suffirais, suffirais, suffirait; suffirions, suffiriez, suffiraient	
Pres. Subj.	suffise, suffises, suffise; suffisions, suffisiez, suffisent	
Imp. Subj.	suffisse, suffises, suffît; suffissions, suffissiez, suffissent	
Past Indef.	ai suffi, as suffi, a suffi; avons suffi, avez suffi, ont suffi	
Pluperf.	avais suffi, avais suffi, avait suffi; avions suffi, aviez suffi, avaient suffi	
Past Ant.	eus suffi, eus suffi, eut suffi; eûmes suffi, eûtes suffi, eurent suffi	
Fut. Perf.	aurai suffi, auras suffi, aura suffi; aurons suffi, aurez suffi, auront suffi	
Cond. *Perf.*	aurais suffi, aurais suffi, aurait suffi; aurions suffi, auriez suffi, auraient suffi	
Past Subj.	aie suffi, aies suffi, ait suffi; ayons suffi, ayez suffi, aient suffi	
Plup. Subj.	eusse suffi, eusses suffi, eût suffi; eussions suffi, eussiez suffi, eussent suffi	
Imperative	suffis, suffisons, suffisez	

Pres. Ind.	suis, suis, suit; suivons, suivez, suivent	*to follow*
Imp. Ind.	suivais, suivais, suivait; suivions, suiviez, suivaient	
Past Def.	suivis, suivis, suivit; suivîmes, suivîtes, suivirent	
Fut. Ind.	suivrai, suivras, suivra; suivrons, suivrez, suivront	
Condit.	suivrais, suivrais, suivrait; suivrions, suivriez, suivraient	
Pres. Subj.	suive, suives, suive; suivions, suiviez, suivent	
Imp. Subj.	suivisse, suivisses, suivît; suivissions, suivissiez, suivissent	
Past Indef.	ai suivi, as suivi, a suivi; avons suivi, avez suivi, ont suivi	
Pluperf.	avais suivi, avais suivi, avait suivi; avions suivi, aviez suivi, avaient suivi	
Past Ant.	eus suivi, eus suivi, eut suivi; eûmes suivi, eûtes suivi, eurent suivi	
Fut. Perf.	aurai suivi, auras suivi, aura suivi; aurons suivi, aurez suivi, auront suivi	
Cond. *Perf.*	aurais suivi, aurais suivi, aurait suivi; aurions suivi, auriez suivi, auraient suivi	
Past Subj.	aie suivi, aies suivi, ait suivi; ayons suivi, ayez suivi, aient suivi	
Plup. Subj.	eusse suivi, eusses suivi, eût suivi; eussions suivi, eussiez suivi, eussent suivi	
Imperative	suis, suivons, suivez	

Pres. Ind.	me tais, te tais, se tait; nous taisons, vous taisez, se taisent
Imp. Ind.	me taisais, te taisais, se taisait; nous taisions, vous taisiez, se taisaient
Past Def.	me tus, te tus, se tut; nous tûmes, vous tûtes, se turent
Fut. Ind.	me tairai, te tairas, se taira; nous tairons, vous tairez, se tairont
Condit.	me tairais, te tairais, se tairait; nous tairions, vous tairiez, se tairaient
Pres. Subj.	me taise, te taises, se taise; nous taisions, vous taisiez, se taisent
Imp. Subj.	me tusse, te tusses, se tût; nous tussions, vous tussiez, se tussent
Past Indef.	me suis tu(e), t'es tu(e), s'est tu(e); nous sommes tu(e)s, vous êtes tu(e)(s), se sont tu(e)s
Pluperf.	m'étais tu(e), t'étais tu(e), s'était tu(e); nous étions tu(e)s, vous étiez tu(e)(s), s'étaient tu(e)s
Past Ant.	me fus tu(e), te fus tu(e), se fut tu(e); nous fûmes tu(e)s, vous fûtes tu(e)(s), se furent tu(e)s
Fut. Perf.	me serai tu(e), te seras tu(e), se sera tu(e); nous serons tu(e)s, vous serez tu(e)(s), se seront tu(e)s
Cond. *Perf.*	me serais tu(e), te serais tu(e), se serait tu(e); nous serions tu(e)s, vous seriez tu(e)(s), se seraient tu(e)s
Past Subj.	me sois tu(e), te sois tu(e), se soit tu(e); nous soyons tu(e)s, vous soyez tu(e)(s), se soient tu(e)s
Plup. Subj.	me fusse tu(e) te fusses tu(e), se fût tu(e); nous fussions tu(e)s, vous fussiez tu(e)(s), se fussent tu(e)s
Imperative	tais-toi, taisons-nous, taisez-vous

to be silent,
be quiet,
not to speak

Pres. Ind.	tiens, tiens, tient; tenons, tenez, tiennent	
Imp. Ind.	tenais, tenais, tenait; tenions, teniez, tenaient	*to hold,* *have*
Past Def.	tins, tins, tint; tînmes, tîntes, tinrent	
Fut. Ind.	tiendrai, tiendras, tiendra; tiendrons, tiendrez, tiendront	
Condit.	tiendrais, tiendrais, tiendrait; tiendrions, tiendriez, tiendraient	
Pres. Subj.	tienne, tiennes, tienne; tenions, teniez, tiennent	
Imp. Subj.	tinsse, tinsses, tînt; tinssions, tinssiez, tinssent	
Past Indef.	ai tenu, as tenu, a tenu; avons tenu, avez tenu, ont tenu	
Pluperf.	avais tenu, avais tenu, avait tenu; avions tenu, aviez tenu, avaient tenu	
Past Ant.	eus tenu, eus tenu, eut tenu; eûmes tenu, eûtes tenu, eurent tenu	
Fut. Perf.	aurai tenu, auras tenu, aura tenu; aurons tenu, aurez tenu, auront tenu	
Cond. *Perf.*	aurais tenu, aurais tenu, aurait tenu; · aurions tenu, auriez tenu, auraient tenu	
Past Subj.	aie tenu, aies tenu, ait tenu; ayons tenu, ayez tenu, aient tenu	
Plup. Subj.	eusse tenu, eusses tenu, eût tenu; eussions tenu, eussiez tenu, eussent tenu	
Imperative	tiens, tenons, tenez	

Pres. Ind.	tombe, tombes, tombe; tombons, tombez, tombent
Imp. Ind.	tombais, tombais, tombait; tombions, tombiez, tombaient
Past Def.	tombai, tombas, tomba; tombâmes, tombâtes, tombèrent
Fut. Ind.	tomberai, tomberas, tombera; tomberons, tomberez, tomberont
Condit.	tomberais, tomberais, tomberait; tomberions, tomberiez, tomberaient
Pres. Subj.	tombe, tombes, tombe; tombions, tombiez, tombent
Imp. Subj.	tombasse, tombasses, tombât; tombassions, tombassiez, tombassent
Past Indef.	suis tombé(e), es tombé(e), est tombé(e); sommes tombé(e)s, êtes tombé(e)(s), sont tombé(e)s
Pluperf.	étais tombé(e), étais tombé(e), était tombé(e); étions tombé(e)s, étiez tombé(e)(s), étaient tombé(e)s
Past Ant.	fus tombé(e), fus tombé(e), fut tombé(e); fûmes tombé(e)s, fûtes tombé(e)(s), furent tombé(e)s
Fut. Perf.	serai tombé(e), seras tombé(e), sera tombé(e); serons tombé(e)s, serez tombé(e)(s), seront tombé(e)s
Cond. *Perf.*	serais tombé(e), serais tombé(e), serait tombé(e); serions tombé(e)s, seriez tombé(e)(s), seraient tombé(e)s
Past Subj.	sois tombé(e), sois tombé(e), soit tombé(e); soyons tombé(e)s, soyez tombé(e)(s), soient tombé(e)s
Plup. Subj.	fusse tombé(e), fusses tombé(e), fût tombé(e); fussions tombé(e)s, fussiez tombé(e)(s), fussent tombé(e)s
Imperative	tombe, tombons, tombez

to fall

188

Pres. Ind.	traduis, traduis, traduit;
	traduisons, traduisez, traduisent
Imp. Ind.	traduisais, traduisais, traduisait;
	traduisions, traduisiez, traduisaient
Past Def.	traduisis, traduisis, traduisit;
	traduisîmes, traduisîtes, traduisirent
Fut. Ind.	traduirai, traduiras, traduira;
	traduirons, traduirez, traduiront
Condit.	traduirais, traduirais, traduirait;
	traduirions, traduiriez, traduiraient
Pres. Subj.	traduise, traduises, traduise;
	traduisions, traduisiez, traduisent
Imp. Subj.	traduisisse, traduisisses, traduisît;
	traduisissions, traduisissiez, traduisissent
Past Indef.	ai traduit, as traduit, a traduit;
	avons traduit, avez traduit, ont traduit
Pluperf.	avais traduit, avais traduit, avait traduit;
	avions traduit, aviez traduit, avaient traduit
Past Ant.	eus traduit, eus traduit, eut traduit;
	eûmes traduit, eûtes traduit, eurent traduit
Fut. Perf.	aurai traduit, auras traduit, aura traduit;
	aurons traduit, aurez traduit, auront traduit
Cond.	aurais traduit, aurais traduit, aurait traduit;
Perf.	aurions traduit, auriez traduit, auraient traduit
Past Subj.	aie traduit, aies traduit, ait traduit;
	ayons traduit, ayez traduit, aient traduit
Plup. Subj.	eusse traduit, eusses traduit, eût traduit;
	eussions traduit, eussiez traduit, eussent traduit
Imperative	traduis, traduisons, traduisez

to translate

Pres. Ind.	travaille, travailles, travaille; travaillons, travaillez, travaillent	*to work*
Imp. Ind.	travaillais, travaillais, travaillait; travaillions, travailliez, travaillaient	
Past Def.	travaillai, travaillas, travailla; travaillâmes, travaillâtes, travaillèrent	
Fut. Ind.	travaillerai, travailleras, travaillera; travaillerons, travaillerez, travailleront	
Condit.	travaillerais, travaillerais, travaillerait; travaillerions, travailleriez, travailleraient	
Pres. Subj.	travaille, travailles, travaille; travaillions, travailliez, travaillent	
Imp. Subj.	travaillasse, travaillasses, travaillât; travaillassions, travaillassiez, travaillassent	
Past Indef.	ai travaillé, as travaillé, a travaillé; avons travaillé, avez travaillé, ont travaillé	
Pluperf.	avais travaillé, avais travaillé, avait travaillé; avions travaillé, aviez travaillé, avaient travaillé	
Past Ant.	eus travaillé, eus travaillé, eut travaillé; eûmes travaillé, eûtes travaillé, eurent travaillé	
Fut. Perf.	aurai travaillé, auras travaillé, aura travaillé; aurons travaillé, aurez travaillé, auront travaillé	
Cond. *Perf.*	aurais travaillé, aurais travaillé, aurait travaillé; aurions travaillé, auriez travaillé, auraient travaillé	
Past Subj.	aie travaillé, aies travaillé, ait travaillé; ayons travaillé, ayez travaillé, aient travaillé	
Plup. Subj.	eusse travaillé, eusses travaillé, eût travaillé; eussions travaillé, eussiez travaillé, eussent travaillé	
Imperative	travaille, travaillons, travaillez	

Pres. Ind.	trouve, trouves, trouve; trouvons, trouvez, trouvent
Imp. Ind.	trouvais, trouvais, trouvait; trouvions, trouviez, trouvaient
Past Def.	trouvai, trouvas, trouva; trouvâmes, trouvâtes, trouvèrent
Fut. Ind.	trouverai, trouveras, trouvera; trouverons, trouverez, trouveront
Condit.	trouverais, trouverais, trouverait; trouverions, trouveriez, trouveraient
Pres. Subj.	trouve, trouves, trouve; trouvions, trouviez, trouvent
Imp. Subj.	trouvasse, trouvasses, trouvât; trouvassions trouvassiez, trouvassent
Past Indef.	ai trouvé, as trouvé, a trouvé; avons trouvé, avez trouvé, ont trouvé
Pluperf.	avais trouvé, avais trouvé, avait trouvé; avions trouvé, aviez trouvé, avaient trouvé
Past Ant.	eus trouvé, eus trouvé, eut trouvé; eûmes trouvé, eûtes trouvé, eurent trouvé
Fut. Perf.	aurai trouvé, auras trouvé, aura trouvé; aurons trouvé, aurez trouvé, auront trouvé
Cond. Perf.	aurais trouvé, aurais trouvé, aurait trouvé; aurions trouvé, auriez trouvé, auraient trouvé
Past Subj.	aie trouvé, aies trouvé, ait trouvé; ayons trouvé, ayez trouvé, aient trouvé
Plup. Subj.	eusse trouvé, eusses trouvé, eût trouvé; eussions trouvé, eussiez trouvé, eussent trouvé
Imperative	trouve, trouvons, trouvez

to find

Pres. Ind.	vaincs, vaincs, vainc; vainquons, vainquez, vainquent	*to conquer*
Imp. Ind.	vainquais, vainquais, vainquait; vainquions, vainquiez, vainquaient	
Past Def.	vainquis, vainquis, vainquit; vainquîmes, vainquîtes, vainquirent	
Fut. Ind.	vaincrai, vaincras, vaincra; vaincrons, vaincrez, vaincront	
Condit.	vaincrais, vaincrais, vaincrait; vaincrions, vaincriez, vaincraient	
Pres. Subj.	vainque, vainques, vainque; vainquions, vainquiez, vainquent	
Imp. Subj.	vainquisse, vainquisses, vainquît; vainquissions, vainquissiez, vainquissent	
Past Indef.	ai vaincu, as vaincu, a vaincu; avons vaincu, avez vaincu, ont vaincu	
Pluperf.	avais vaincu, avais vaincu, avait vaincu; avions vaincu, aviez vaincu, avaient vaincu	
Past Ant.	eus vaincu, eus vaincu, eut vaincu; eûmes vaincu, eûtes vaincu, eurent vaincu	
Fut. Perf.	aurai vaincu, auras vaincu, aura vaincu; aurons vaincu, aurez vaincu, auront vaincu	
Cond. Perf.	aurais vaincu, aurais vaincu, aurait vaincu; aurions vaincu, auriez vaincu, auraient vaincu	
Past Subj.	aie vaincu, aies vaincu, ait vaincu; ayons vaincu, ayez vaincu, aient vaincu	
Plup. Subj.	eusse vaincu, eusses vaincu, eût vaincu; eussions vaincu, eussiez vaincu, eussent vaincu	
Imperative	vaincs, vainquons, vainquez	

192

valoir

Pres. Ind.	vaux, vaux, vaut; valons, valez, valent
Imp. Ind.	valais, valais, valait; valions, valiez, valaient
Past Def.	valus, valus, valut; valûmes, valûtes, valurent
Fut. Ind.	vaudrai, vaudras, vaudra; vaudrons, vaudrez, vaudront
Condit.	vaudrais, vaudrais, vaudrait; vaudrions, vaudriez, vaudraient
Pres. Subj.	vaille, vailles, vaille; valions, valiez, vaillent
Imp. Subj.	valusse, valusses, valût; valussions, valussiez, valussent
Past Indef.	ai valu, as valu, a valu; avons valu, avez valu, ont valu
Pluperf.	avais valu, avais valu, avait valu; avions valu, aviez valu, avaient valu
Past Ant.	eus valu, eus valu, eut valu; eûmes valu, eûtes valu, eurent valu
Fut. Perf.	aurai valu, auras valu, aura valu; aurons valu, aurez valu, auront valu
Perf. Cond.	aurais valu, aurais valu, aurait valu; aurions valu, auriez valu, auraient valu
Past Subj.	aie valu, aies valu, ait valu; ayons valu, ayez valu, aient valu
Plup. Subj.	eusse valu, eusses valu, eût valu; eussions valu, eussiez valu, eussent valu
Imperative	vaux, valons, valez

to be worth

Pres. Ind.	vends, vends, vend; vendons, vendez, vendent	*to sell*
Imp. Ind.	vendais, vendais, vendait; vendions, vendiez, vendaient	
Past Def.	vendis, vendis, vendit; vendîmes, vendîtes, vendirent	
Fut. Ind.	vendrai, vendras, vendra; vendrons, vendrez, vendront	
Condit.	vendrais, vendrais, vendrait; vendrions, vendriez, vendraient	
Pres. Subj.	vende, vendes, vende; vendions, vendiez, vendent	
Imp. Subj.	vendisse, vendisses, vendît; vendissions, vendissiez, vendissent	
Past Indef.	ai vendu, as vendu, a vendu; avons vendu, avez vendu, ont vendu	
Pluperf.	avais vendu, avais vendu, avait vendu; avions vendu, aviez vendu, avaient vendu	
Past Ant.	eus vendu, eus vendu, eut vendu; eûmes vendu, eûtes vendu, eurent vendu	
Fut. Perf.	aurai vendu, auras vendu, aura vendu; aurons vendu, aurez vendu, auront vendu	
Perf. *Cond.*	aurais vendu, aurais vendu, aurait vendu; aurions vendu, auriez vendu, auraient vendu	
Past Subj.	aie vendu, aies vendu, ait vendu; ayons vendu, ayez vendu, aient vendu	
Plup. Subj.	eusse vendu, eusses vendu, eût vendu; eussions vendu, eussiez vendu, eussent vendu	
Imperative	vends, vendons, vendez	

Pres. Ind.	viens, viens, vient; venons, venez, viennent
Imp. Ind.	venais, venais, venait; venions, veniez, venaient
Past Def.	vins, vins, vint; vînmes, vîntes, vinrent
Fut. Ind.	viendrai, viendras, viendra; viendrons, viendrez, viendront
Condit.	viendrais, viendrais, viendrait; viendrions, viendriez, viendraient
Pres. Subj.	vienne, viennes, vienne; venions, veniez, viennent
Imp. Subj.	vinsse, vinsses, vînt; vinssions, vinssiez, vinssent
Past Indef.	suis venu(e), es venu(e), est venu(e); sommes venu(e)s, êtes venu(e)(s), sont venu(e)s
Pluperf.	étais venu(e), étais venu(e), était venu(e); étions venu(e)s, étiez venu(e)(s), étaient venu(e)s
Past Ant.	fus venu(e), fus venu(e), fut venu(e); fûmes venu(e)s, fûtes venu(e)(s), furent venu(e)s
Fut. Perf.	serai venu(e), seras venu(e), sera venu(e); serons venu(e)s, serez venu(e)(s), seront venu(e)s
Cond. *Perf.*	serais venu(e), serais venu(e), serait venu(e); serions venu(e)s, seriez venu(e)(s), seraient venu(e)s
Past Subj.	sois venu(e), sois venu(e), soit venu(e); soyons venu(e)s, soyez venu(e)(s), soient venu(e)s
Plup. Subj.	fusse venu(e), fusses venu(e), fût venu(e); fussions venu(e)s, fussiez venu(e)(s), fussent venu(e)s
Imperative	viens, venons, venez

to come

Pres. Ind.	vêts, vêts, vêt; vêtons, vêtez, vêtent	*to clothe,*
Imp. Ind.	vêtais, vêtais, vêtait; vêtions, vêtiez, vêtaient	*dress*
Past Def.	vêtis, vêtis, vêtit; vêtîmes, vêtîtes, vêtirent	
Fut. Ind.	vêtirai, vêtiras, vêtira; vêtirons, vêtirez, vêtiront	
Condit.	vêtirais, vêtirais, vêtirait; vêtirions, vêtiriez, vêtiraient	
Pres. Subj.	vête, vêtes, vête; vêtions, vêtiez, vêtent	
Imp. Subj.	vêtisse, vêtisses, vêtît; vêtissions, vêtissiez, vêtissent	
Past Indef.	ai vêtu, as vêtu, a vêtu; avons vêtu, avez vêtu, ont vêtu	
Pluperf.	avais vêtu, avais vêtu, avait vêtu; avions vêtu, aviez vêtu, avaient vêtu	
Past Ant.	eus vêtu, eus vêtu, eut vêtu; eûmes vêtu, eûtes vêtu, eurent vêtu	
Fut. Perf.	aurai vêtu, auras vêtu, aura vêtu; aurons vêtu, aurez vêtu, auront vêtu	
Cond. Perf.	aurais vêtu, aurais vêtu, aurait vêtu; aurions vêtu, auriez vêtu, auraient vêtu	
Past Subj.	aie vêtu, aies vêtu, ait vêtu; ayons vêtu, ayez vêtu, aient vêtu	
Plup. Subj.	eusse vêtu, eusses vêtu, eût vêtu; eussions vêtu, eussiez vêtu, eussent vêtu	
Imperative	vêts, vêtons, vêtez	

Pres. Ind.	vis, vis, vit; vivons, vivez, vivent
Imp. Ind.	vivais, vivais, vivait; vivions, viviez, vivaient
Past Def.	vécus, vécus, vécut; vécûmes, vécûtes, vécurent
Fut. Ind.	vivrai, vivras, vivra; vivrons, vivrez, vivront
Condit.	vivrais, vivrais, vivrait; vivrions, vivriez, vivraient
Pres. Subj.	vive, vives, vive; vivions, viviez, vivent
Imp. Subj.	vécusse, vécusses, vécût; vécussions, vécussiez, vécussent
Past Indef.	ai vécu, as vécu, a vécu; avons vécu, avez vécu, ont vécu
Pluperf.	avais vécu, avais vécu, avait vécu; avions vécu, aviez vécu, avaient vécu
Past Ant.	eus vécu, eus vécu, eut vécu; eûmes vécu, eûtes vécu, eurent vécu
Fut. Perf.	aurai vécu, auras vécu, aura vécu; aurons vécu, aurez vécu, auront vécu
Cond. *Perf.*	aurais vécu, aurais vécu, aurait vécu; aurions vécu, auriez vécu, auraient vécu
Past Subj.	aie vécu, aies vécu, ait vécu; ayons vécu, ayez vécu, aient vécu
Plup. Subj.	eusse vécu, eusses vécu, eût vécu; eussions vécu, eussiez vécu, eussent vécu
Imperative	vis, vivons, vivez

to live

197

Pres. Ind.	vois, vois, voit; voyons, voyez, voient	*to see*
Imp. Ind.	voyais, voyais, voyait; voyions, voyiez, voyaient	
Past Def.	vis, vis, vit; vîmes, vîtes, virent	
Fut. Ind.	verrai, verras, verra; verrons, verrez, verront	
Condit.	verrais, verrais, verrait; verrions, verriez, verraient	
Pres. Subj.	voie, voies, voie; voyions, voyiez, voient	
Imp. Subj.	visse, visses, vît; vissions, vissiez, vissent	
Past Indef.	ai vu, as vu, a vu; avons vu, avez vu, ont vu	
Pluperf.	avais vu, avais vu, avait vu; avions vu, aviez vu, avaient vu	
Past Ant.	eus vu, eus vu, eut vu; eûmes vu, eûtes vu, eurent vu	
Fut. Perf.	aurai vu, auras vu, aura vu; aurons vu, aurez vu, auront vu	
Cond. *Perf.*	aurais vu, aurais vu, aurait vu; aurions vu, auriez vu, auraient vu	
Past Subj.	aie vu, aies vu, ait vu; ayons vu, ayez vu, aient vu	
Plup. Subj.	eusse vu, eusses vu, eût vu; eussions vu, eussiez vu, eussent vu	
Imperative	vois, voyons, voyez	

Pres. Ind.	vole, voles, vole; volons, volez, volent	
Imp. Ind.	volais, volais, volait; volions, voliez, volaient	*to fly,* *steal*
Past Def.	volai, volas, vola; volâmes, volâtes, volèrent	
Fut. Ind.	volerai, voleras, volera; volerons, volerez, voleront	
Condit.	volerais, volerais, volerait; volerions, voleriez, voleraient	
Pres. Subj.	vole, voles, vole; volions, voliez, volent	
Imp. Subj.	volasse, volasses, volât; volassions, volassiez, volassent	
Past Indef.	ai volé, as volé, a volé; avons volé, avez volé, ont volé	
Pluperf.	avais volé, avais volé, avait volé; avions volé, aviez volé, avaient volé	
Past Ant.	eus volé, eus volé, eut volé; eûmes volé, eûtes volé, eurent volé	
Fut. Perf.	aurai volé, auras volé, aura volé; aurons volé, aurez volé, auront volé	
Cond. Perf.	aurais volé, aurais volé, aurait volé; aurions volé, auriez volé, auraient volé	
Past Subj.	aie volé, aies volé, ait volé; ayons volé, ayez volé, aient volé	
Plup. Subj.	eusse volé, eusses volé, eût volé; eussions volé, eussiez volé, eussent volé	
Imperative	vole, volons, volez	

199

Pres. Ind.	veux, veux, veut; voulons, voulez, veulent	
Imp. Ind.	voulais, voulais, voulait; voulions, vouliez, voulaient	*to want,* *wish*
Past Def.	voulus, voulus, voulut; voulûmes, voulûtes, voulurent	
Fut. Ind.	voudrai, voudras, voudra; voudrons, voudrez, voudront	
Condit.	voudrais, voudrais, voudrait; voudrions, voudriez, voudraient	
Pres. Subj.	veuille, veuilles, veuille; voulions, vouliez, veuillent	
Imp. Subj.	voulusse, voulusses, voulût; voulussions, voulussiez, voulussent	
Past Indef.	ai voulu, as voulu, a voulu; avons voulu, avez voulu, ont voulu	
Pluperf.	avais voulu, avais voulu, avait voulu; avions voulu, aviez voulu, avaient voulu	
Past Ant.	eus voulu, eus voulu, eut voulu; eûmes voulu, eûtes voulu, eurent voulu	
Fut. Perf.	aurai voulu, auras voulu, aura voulu; aurons voulu, aurez voulu, auront voulu	
Cond. *Perf.*	aurais voulu, aurais voulu, aurait voulu; aurions voulu, auriez voulu, auraient voulu	
Past Subj.	aie voulu, aies voulu, ait voulu; ayons voulu, ayez voulu, aient voulu	
Plup. Subj.	eusse voulu, eusses voulu, eût voulu; eussions voulu, eussiez voulu, eussent voulu	
Imperative	veuille, veuillons, veuillez	

Pres. Ind.	voyage, voyages, voyage; voyageons, voyagez, voyagent	*to travel*
Imp. Ind.	voyageais, voyageais, voyageait; voyagions, voyagiez, voyageaient	
Past Def.	voyageai, voyageas, voyagea; voyageâmes, voyageâtes, voyagèrent	
Fut. Ind.	voyagerai, voyageras, voyagera; voyagerons, voyagerez, voyageront	
Condit.	voyagerais, voyagerais, voyagerait; voyagerions, voyageriez, voyageraient	
Pres. Subj.	voyage, voyages, voyage; voyagions, voyagiez, voyagent	
Imp. Subj.	voyageasse, voyageasses, voyageât; voyageassions, voyageassiez, voyageassent	
Past Indef.	ai voyagé, as voyagé, a voyagé; avons voyagé, avez voyagé, ont voyagé	
Pluperf.	avais voyagé, avais voyagé, avait voyagé;. avions voyagé, aviez voyagé, avaient voyagé	
Past Ant.	eus voyagé, eus voyagé, eut voyagé; eûmes voyagé, eûtes voyagé, eurent voyagé	
Fut. Perf.	aurai voyagé, auras voyagé, aura voyagé; aurons voyagé, aurez voyagé, auront voyagé	
Cond. *Perf.*	aurais voyagé, aurais voyagé, aurait voyagé; aurions voyagé, auriez voyagé, auraient voyagé	
Past Subj.	aie voyagé, aies voyagé, ait voyagé; ayons voyagé, ayez voyagé, aient voyagé	
Plup. Subj.	eusse voyagé, eusses voyagé, eût voyagé; eussions voyagé, eussiez voyagé, eussent voyagé	
Imperative	voyage, voyageons, voyagez	

English — French Verb Index

If the French verb you want is reflexive, you will find it listed alphabetically under the first letter of the verb itself and not under the reflexive pronoun *s'* or *se*.

A

abandon **abandonner**
able, be **pouvoir**
abstain **s'abstenir**
accept **accepter**
accompany **accompagner**
acquainted with, be **connaître**
acquire **acquérir**
admit **admettre**
afraid, be **craindre**
aid **aider**
allow **permettre**
amuse oneself **s'amuser**
angry, become **se fâcher**
answer **répondre**
appear **apparaître, paraître**
arrive **arriver**
ascend **monter**
ask (for) **demander**
assail **assaillir**
assault **assaillir**
assist **aider**
attain **atteindre**

B

be **être**
be acquainted **connaître**
be able **pouvoir**
be born **naître**
be necessary **falloir**
be quiet **se taire**
be silent **se taire**
be sufficient **suffire**
be worth **valoir**
beat **battre**
become **devenir**
become angry **se fâcher**
bed, go to **se coucher**
begin **commencer**
believe **croire**
belong **appartenir**
bite **mordre**
blush **rougir**
boil **bouillir**
bore **ennuyer**
born, be **naître**
borrow **emprunter**
break **casser, rompre**
bring **apporter**
bring down **descendre**
bring up **monter**
brush oneself **se brosser**
budge **bouger**
build **bâtir, construire**
burn **brûler**
burst **rompre**
buy **acheter**

C

call   appeler
call oneself   s'appeler
can   pouvoir
carry   porter
cast   jeter
cause   causer
change   changer
chat   causer
cherish   chérir
choose   choisir
clean   nettoyer
clothe   vêtir
come   venir
come back   revenir
come in   entrer
command   commander
commence   commencer
complete   finir
conclude   conclure
conduct   conduire
conquer   vaincre
construct   construire, bâtir
cook   cuire
correct   corriger
cost   coûter
count   compter
cover   couvrir
cure   guérir

D

dance   danser
dare   oser
depart   partir
descend   descendre
desert   abandonner
desire   désirer
die   mourir, périr
dine   dîner

dirty   salir
dishearten   abattre
do   faire
dream   songer
dress   s'habiller, vêtir
drink   boire
drive   conduire

E

earn   gagner
eat   manger
employ   employer
end   finir
enjoy oneself   s'amuser
enter   entrer
examine   interroger

F

fail   faillir
fall   tomber
fear   craindre
feel   sentir
fight   se battre
fill   remplir
find   trouver
finish   finir
flee   fuir
fly   fuir, voler
follow   suivre
foresee   prévoir

G

gain   gagner
gather   cueillir
get   obtenir, recevoir
get angry   se fâcher

get dressed s'habiller
get up se lever
give donner
give back rendre
go aller
go away s'en aller
go back retourner
go down descendre
go in entrer
go out sortir
go to bed se coucher
go up monter
greet accueillir
grow croître

H

hang pendre
harm nuire
hasten se dépêcher
hate haïr
have avoir, tenir
have a good time s'amuser
have dinner dîner
have lunch déjeuner
have to devoir, falloir
hear entendre
help aider
hide cacher
hinder nuire
hit battre
hold tenir
hope espérer
hurry se dépêcher
hurt oneself se blesser

I

injure oneself se blesser
intend compter

interrogate interroger
interrupt interrompre

J

join joindre
judge juger
jump sauter

K

knock down abattre
know connaître
know (how) savoir

L

laugh rire
lead conduire, mener
leap sauter
learn apprendre
leave
     laisser, partir, quitter, sortir
lend prêter
lie mentir
like aimer
listen (to) écouter
live demeurer, vivre
live (in) habiter
look (at) regarder
look (for) chercher
lose perdre
love aimer
lunch déjeuner

M

make faire
move bouger, mouvoir

must   devoir, falloir

N

name   appeler
named, to be   s'appeler
necessary, to be   falloir
notice   remarquer

O

obey   obéir
oblige   obliger
observe   remarquer
obtain   obtenir
offer   offrir
open   ouvrir
order   commander
ought to   devoir.
owe   devoir

P

paint   peindre
pay   payer
perceive   apercevoir
perish   périr
permit   permettre
pick   cueillir
place   mettre
play   jouer
please   plaire
prefer   préférer
promise   promettre
pronounce   prononcer
provide   pourvoir
punish   punir
purchase   acheter
put   mettre

Q

question   interroger
quiet, to be   se taire

R

rain   pleuvoir
read   lire
receive   recevoir
relate   raconter
remain   rester
render   rendre
repeat   répéter
replace   remplacer
reply   répondre
request   demander
reside   demeurer, habiter
resolve   résoudre
return
   rendre, rentrer, retourner
run   courir

S

say   dire
search   chercher
see   apercevoir, voir
seem   paraître
select   choisir
sell   vendre
send   envoyer
serve   servir
sew   coudre
shatter   rompre
should   devoir
silent, to be   se taire
sing   chanter

sit down **s'asseoir**
sleep **dormir**
smell **sentir**
snow **neiger**
soil **salir**
solve **résoudre**
speak **parler**
start **commencer**
stay **rester**
steal **voler**
stop **s'arrêter**
strike **battre**
strike down **abattre**
study **étudier**
succeed **réussir**
suffice **suffire**
sufficient, to be **suffire**
swim **nager**

T

take **prendre**
take a walk **se promener**
take down **descendre**
take up **monter**
talk **parler**
taste **goûter**
teach **enseigner**
tell **dire**
tell about **raconter**
tell lies **mentir**
terminate **finir**
think **penser, songer**
throw **jeter**
translate **traduire**

travel **voyager**
try **essayer**

U

understand
  comprendre, entendre
use **employer**

V

vanquish **vaincre**

W

wait (for) **attendre**
wake up **se réveiller**
walk, to take a **se promener**
want **désirer, vouloir**
wash oneself **se laver**
watch **regarder**
wear **porter**
welcome **accueillir**
win **gagner**
wipe **essuyer**
wish **vouloir**
work **travailler**
worth, to be **valoir**
wound oneself **se blesser**
write **écrire**

Y

yield **céder**

World Classics in Translation

Vivid, modern translations with interpretations of authors, works, literary and historical backgrounds. *Paper prices listed. (**) titles also in hard cover at $2.95*

From the French
ANDROMACHE *Racine*	95¢**
CANDIDE *Voltaire*	$1.25
DON JUAN *Molière*	95¢
EMILE *Rousseau*	95¢**
KNOCK *Romains*	95¢
MY FRIEND'S BOOK *France*	95¢
PHAEDRA *Racine*	75¢
TARTUFFE *Molière*	75¢**
THE CID *Corneille*	95¢**
THE LEARNED LADIES *Molière*	95¢
THE MARRIAGE OF FIGARO & THE BARBER OF SEVILLE *Beaumarchais*	95¢**
THE MIDDLE-CLASS GENTLEMAN *Molière*	95¢
THE MISANTHROPE *Molière*	75¢**
THE MISER *Molière*	95¢
THE PRETENTIOUS YOUNG LADIES *Molière*	75¢
TOPAZE *Pagnol*	75¢**

From the German
EGMONT *Goethe*	95¢
EMILIA GALOTTI *Lessing*	75¢**
GERMELSHAUSEN *Gerstäcker*	95¢
IPHIGENIE AUF TAURIS *Goethe*	$1.25
IMMENSEE *Storm*	95¢**
LOVE AND INTRIGUE *Schiller*	$1.25**
MARY STUART *Schiller*	95¢**
NATHAN DER WEISE *Lessing*	$1.25
PRINCE FREDERICK OF HOMBURG *von Kleist*	$1.25**
URFAUST *Goethe*	$1.25
WILLIAM TELL *Schiller*	$1.25

From the Italian
CLIZIA *Machiavelli*	$1.25**

From the Latin and Greek
CAESAR'S GALLIC WAR	$1.65**
THE COMPACT HOMER (The Iliad and The Odyssey) *Trans. by Butcher, Lang, Leaf and Myers*	
	$1.95 paper, $4.25 cloth

From the Spanish
CLASSIC TALES FROM SPANISH AMERICA	$1.50**
CLASSIC TALES FROM MODERN SPAIN	$1.50**
DONA PERFECTA *Galdós*	95¢
JOSE *Palicio Valdés*	$1.25**

LA GAVIOTA (The Sea Gull) *Caballero*	95¢**
LIFE IS A DREAM *Calderón*	$1.25
PEPITA JIMENEZ *Valera*	$1.25
SIX EXEMPLARY NOVELS *Cervantes*	$1.50**
THE LIFE OF LAZARILLO DE TORMES	75¢
THE MAIDEN'S CONSENT *Moratín*	$1.25**
THE MAYOR OF ZALAMEA *Calderón*	75¢
THE THREE-CORNERED HAT *Alarcón*	$1.25

Barron's Studies in American, English, and Continental Literatures

Advanced level studies of individual plays, novels, poems, and essays. Emphasis is on clarification and critical evaluation.

85¢ paper, $1.95 hard cover

American Literature
SALINGER: Catcher in the Rye; *Lettis*

English Literature
AUSTEN: Emma, *Bradbrook*
CHAUCER: The Clerk's Tale, The Knight's Tale, *Salter*
CONRAD: Lord Jim, *Tanner*
ELIOT: Middlemarch, *Daiches*
GOLDSMITH: The Vicar of Wakefield *Emslie*
HARDY: The Mayor of Casterbridge, *Brown*
MARLOWE: Dr. Faustus, *Brockbank*
MILTON: Comus, Samson Agonistes, *Broadbent*
POPE: The Rape of the Lock, *Cunningham*
SHAKESPEARE: Hamlet, *Muir*
SHAKESPEARE: King Lear, *Brooke*
SHAKESPEARE: Macbeth, *Brown*
W. B. YEATS: The Poems, *Jeffares*
WEBSTER: The Duchess of Malfi, *Leech*
WORDSWORTH: The Prelude, *Danby*

French Literature
BAUDELAIRE: Les Fleurs du Mal, *Fairlie*
CAMUS: La Peste, *Haggis*
CORNEILLE: Polyeucte, *Currie*
FLAUBERT: Madame Bovary, *Fairlie*
LA FONTAINE: Fables, *de Mourgues*
MAUPASSANT: Short Stories, *Sullivan*
MOLIERE: Tartuffe, *Hall*
RACINE: Britannicus, *Moore*
VOLTAIRE: Candide, *Barber*

German Literature
EICHENDORFF: Aus de Leben eines Taugenichts, *Hughes*
GOETHE: Hermann und Dorothea, *Samuel*
GOETHE: Iphigenie auf Tauris, *Stahl*
GOTTHELF: Hans Joggeli der Erbvetter, *Boeschenstein*
HEINE: Buch der Lieder, *Prawer*
KELLER: Kleider Machen Leute, *Rowley*
MORIKE: Mozart auf der Reise nach Prag, *Farrell*

Barron's Simplified Approach Series

Detailed analysis, explanation and commentary on action, language, characterization — together with essential historical background.

Each 95¢ paper

SIMPLIFIED APPROACH TO
CHAUCER, *Grebanier*
DANTE, *Hopper*
FIELDING, *Jones*
GOETHE'S FAUST I, II, *Hopper*
HAWTHORNE, *Abel*
HEMINGWAY, *Heiney*
HOMER: ILIAD AND THE ODYSSEY, *Marcett*
JAMES, *Abel*
MELVILLE, *Abel*
MILTON, *Grebanier*
PLATO & ARISTOTLE, *Reinhold*
ROUSSEAU, *Grebanier*
SHAKESPEARE'S HAMLET, *Price*
SHAKESPEARE'S JULIUS CAESAR, *Price*
VERGIL, *Reinhold*
WHITMAN, *Abel*

Barron's Card Guides

Fundamentals of grammar, legibly condensed on laminated card, punched for 3-ring binder.

Each 89¢ paper

CARD GUIDE TO
ENGLISH GRAMMAR, PUNCTUATION AND USAGE *Hopper*
FRENCH GRAMMAR *Cremona*
GERMAN GRAMMAR *Wells and Rowley*
LATIN GRAMMAR
RUSSIAN GRAMAR
SPANISH GRAMMAR

All prices subject to change without notice.
#584-R

BARRON'S EDUCATIONAL SERIES, INC., 113 Crossways Park Dr., Woodbury, N. Y.

CPSIA information can be obtained
at www.ICGtesting.com
Printed in the USA
BVHW050019140223
658395BV00021B/305